بِسْمِ اللَّهِ الرَّحْمَنِ الرَّحِيمِ

Au nom de Dieu, le Clément, le Miséricordieux.

IBN ʿAJĪBAH AL-ḤASANĪ

SAGESSES

L'ÉVEIL DES ASPIRATIONS SPIRITUELLES

TOME I

1-14

Sagesses est la traduction de
« *ʿibād un niʿam ʿan iqāz il himam fī sharh al hikam* »
du maitre *ibn ʿajībah al-ḥasanī*

Transmit et compilé par le maitre Muhammad Saidi
Traduit de l'arabe par Karim Chahdi
Adapté par Julien Barbe
Mis en page par Jean-François Lacourt
Référencement et biographies par Aurélien Lépine
Corrigé par Dominique Dominique Lapp

© *2019, Âme Horizon*
www.amehorizon.fr
contact@amehorizon.fr

Édition : BoD - Books on Demand,
12/14 rond-point des Champs-Élysées, 75008 Paris
Impression : BoD - Books on Demand, Norderstedt, Allemagne

ISBN : 9782322038480
Dépot légal : Mai 2019

Sommaire

PRESENTATION

Le livre qui suit est une explication des Sagesses (*al hikam*), compilées par Ibn Ata Illah Sakandari, un maitre de la voie Shâdhilî.

Ces sagesses simples et profondes sont indispensables à chaque chercheur de vérité désirant se connaître lui-même et son Seigneur afin de s'élever spirituellement. En effet, cet ouvrage traite de tous les aspects spirituels liés au cheminement et à la grande Unicité.

Les aphorismes d'Ibn Ata Illah ont plusieurs niveaux de compréhension et s'adressent autant au débutant, qu'au cheminant et au connaissant.

Un des successeurs d'Ibn Ata Illah, le maitre Ibn Ajibah, conscient de l'importance de ces sagesses, a décidé de les expliciter, pressentant la raréfaction des maitres spirituels. Il a donc écrit un livre intitulé *iqad al himam* : l'Éveil des aspirations.

Il a fourni un travail minutieux n'omettant aucun niveau de lecture ni de compréhension. Toutes les étapes et les états de l'âme sont décrits. Il ne s'est pas seulement arrêté à faire un constat, il est allé beaucoup plus loin en donnant des réponses génériques permettant à chaque lecteur de s'élever spirituellement et de surmonter les difficultés auxquelles il peut faire face tout le long de sa vie.

Notre maitre Mohammed Saidi, héritier de cette connaissance, a décidé de perpétuer cette tradition. Il a retravaillé *iqad al himam* en fournissant un travail d'authentification des *ahadith*, en séparant les chapitres par thématiques et en compilant les biographies des saints évoqués par Ibn Ajibah afin de faciliter la lecture.

Au vu de la décadence que connaît la société actuelle, il est apparu nécessaire de transmettre et partager cet héritage pour l'ensemble des francophones. En effet, dans un monde où les repères se perdent, ou les dangers et les difficultés sont de plus en plus grands, il est impératif de fournir des éléments de réponses, des marqueurs pour aider tout chercheur de vérité.

L'âme, l'interne et la spiritualité sont intemporels, universels, d'où le fait que ces enseignements soient toujours d'actualité et s'adressent à tout public. Tous les enseignements partagés peuvent être juxtaposés à des situations auxquelles nous faisons face dans divers aspects de notre existence comme le travail, la vie de couple, l'amitié, les épreuves de la vie.

Rien ne remplacera un maitre vivant et véritable, mais cet ouvrage peut servir de livre de chevet, qui accompagnera la personne tout au long de sa vie.

Karim Chahdi

Bien plus qu'un trésor parmi les trésors, *iqad al himam* est un véritable monument du soufisme (*tassawuf*).

Cet ouvrage, si unique en son genre, est composé de plus de deux cents sagesses, et leurs explications dans lesquelles leurs auteurs ont habilement compilé à la fois des versets du Saint Livre, des récits liés aux prophètes, des poèmes et des citations d'éminents savants, contiennent en substance toute la science du soufisme.

Le soufisme est l'âme de l'humanité, oublié et censuré, et dont les vestiges d'aujourd'hui nous laissent à peine entrevoir la silhouette de ce qu'il doit être. L'Homme, lui, a voilé son visage, tout comme il a voilé son propre cœur de la mission ontologique qui est la sienne, préférant les mondanités d'une vie insouciante et laxiste. En cela, *iqad al himam* est magistral, tant l'œuvre déterre de son lecteur la Lumière Pure qui l'habite, exhumant ce qu'il est devenu, ranimant ce qui doit l'être.

La traduction d'un tel thésaurus de l'âme humaine ne fut pas sans peine, et demanda un travail d'adaptation inévitable afin d'obtenir en français des mots au plus proche des sens. Ce fut chose possible par la grâce que Dieu nous a accordée qui nous donna l'amour de ce travail et nous honora de la présence de notre maître, Muhammad Saidi, à qui nous devons ce trésor et qui, infatigablement, répondit à l'ensemble de nos questions avec patience et tendresse.

Les choix ont été minutieusement pesés et réfléchis, car il n'est jamais simple d'approcher l'œuvre d'un tel maître sans se l'adjuger, qui plus est, dans un domaine aussi scrupuleusement rigoureux que le soufisme. Que Dieu nous pardonne, nos choix autant que nos erreurs. Amine.

Nous sommes fiers de vous livrer ce qui fut pour nous autant une aventure qu'un dénouement. À l'heure où les choix de chacun fixent les limites d'une société en perdition, *iqad al himam* est, nous le croyons, un support de cheminement inégalable et un élément décisif dans l'élaboration du monde de demain.

Julien Barbe

Taj ad-Din Abu'l-Fadl Ahmad bn Muhammad bn Abd al-Karim bn Ata'illah as Sakandari, Al-Judhami ash-Shadhili, appelé communément Ibn Ata Illah Sakandari.

Ibn Ata Illah naquit entre 1250 et 1260 en Égypte, à Alexandrie, dans une célèbre famille de savants et de juristes issus de l'école de jurisprudence malékite. Ses racines remontent à une tribu d'Arabie nommée les Banu Judham.

Le cadre familial s'y prêtant, il emprunta la voie des sciences islamiques externes. Il se fit d'ailleurs connaître pour sa maîtrise de la jurisprudence, de l'exégèse coranique et sa récitation. Il maîtrisa aussi le domaine du hadith (analyse des chaînes de transmission et authentification des paroles prophétiques) ainsi que le credo sunnite (école de pensée Asharite). Il acquit notamment le statut de jurisconsulte (*faqir*) pour sa connaissance parfaite de la jurisprudence malékite. Il passa ainsi la première partie de sa vie plongée dans l'étude des sciences islamiques auprès des maîtres d'Alexandrie les plus prestigieux.

Durant cette période, il était un opposant aux soufis. Il disait : « *celui qui dit qu'il y a une science (cf. soufisme) autre que celle qui est dans nos mains, alors il a prononcé un mensonge à l'égard de Dieu.* »

Aux alentours de ses 18 ans, il fit la rencontre d'Al Mursi, le deuxième maître éducateur de la voie Shâdhilite qui était aussi le compagnon, disciple et successeur du maitre Ash-Shâdhilî. Cette rencontre marqua le tournant de la vie du jeune juriste. En effet, la personnalité de ce dernier eut un tel impact sur son cœur que tous ses préjugés s'évanouirent et il entra dans la Voie. Il raconte d'ailleurs sa rencontre dans son livre « *Lata'if al Minan* » :

« *Avant que je ne devienne le compagnon d'Al Mursi, il y eut, entre moi et l'un de ses compagnons, que Dieu l'agrée, un différend. Je lui ai dit : "Il n'y a de savant que les gens de l'externe. Ces gens-là (les soufis) proclament des choses extraordinaires qui sont réprimandables par la Loi (shari'a)." Après cette altercation, je me suis dit : "va rencontrer le maître de cet homme et tu verras s'il présente sur lui les signes de la Vérité." Je suis allé le voir et l'ai écouté parler des âmes, qui est un sujet qui relève du domaine de la Loi. Quand je l'ai entendu, toutes les objections que j'avais en moi ont disparu.* »

Par la suite, il devint, que Dieu lui fasse miséricorde, disciple et compagnon intime d'Al Mursi pendant une dizaine d'années jusqu'à ce que les lumières de la connaissance l'illuminent et qu'il accède au rang des rapprochés de Dieu.

Son érudition et sa connaissance spirituelle furent telles qu'elles lui valurent une chaire dans la célèbre université d'Al-Azhar. Il enseignait aussi à l'école (*madrasah*) Mansuriyah à un cercle d'élèves plus proches. Ses discours pleins d'éloquences touchèrent de nombreux cœurs. Il eut notamment de nombreux disciples de renoms parmi les savants de l'externe. Et il forma aussi des disciples qui devinrent à leur tour des maîtres éducateurs accomplis. Après le décès d'Al Mursi, Ibn Ata Illah lui succéda et il devint troisième maître de la voie Shâdhilî.

Durant sa vie, il réalisa de nombreux prodiges, parmi lesquels on peut notamment conter :

– Un homme parmi ses élèves fit le pèlerinage à La Mecque (*hajj*), et il vit le maitre à chacune des étapes : lors de la circumambulation autour de la Kaaba, lors de la marche et à Arafat. Et lorsqu'il revint du pèlerinage, il rentra et salua son maitre puis lui demanda s'il était sorti du pays pendant son absence. Ibn Ata Illah lui répondit que non et lui demanda : « *qui as-tu vu durant le pèlerinage ?* » Le disciple lui répondit : « *Je t'ai vu toi.* » Le maître sourit et dit alors « *l'homme grandiose remplit l'univers.* »

– Sa connaissance prodigieuse était telle que lors d'un échange avec ses disciples, il leur dit : « *tous ceux qui s'alimentent auprès du Très-Haut sont au courant de chaque événement qui se produit dans Son Royaume.* » Il regarda le groupe et leur demanda : « *est-ce que parmi vous il y a une personne qui est au courant lorsque se produit un événement dans le Royaume de Dieu ?* » Tous lui répondirent que non. Il leur dit alors : « *Pleurez sur vos âmes.* »

– Un autre de ses prodiges se réalisa lorsque Kamal Ibn Al Hamam, éminent juriste et maître de la tradition, visita la tombe du maitre et y lut la Sourate 11 « *Houd* ». À ce passage : « *parmi eux il y a des malheureux et des bienheureux* », Ibn Ata Illah répondit de sa tombe d'une voix retentissante : « *O, Kamal, nous n'éprouvons ni malheur ni tristesse.* » Suite à cela, Kamal Ibn Al Hamam demanda à être enterré auprès de lui.

Aujourd'hui encore, les enseignements spirituels d'Ibn Ata Illah se perpétuent dans les cercles de spiritualités musulmans. Écrivain prolifique, il fut l'auteur de quelques ouvrages incontournables dans la spiritualité musulmane.

On peut citer parmi ses ouvrages disponibles en français :

De l'abandon de la volonté propre (Al-Tanwir fi isqat al-tadbir), trad. AbdAllah Penot (Alif Éditions, 1997)

La sagesse des maîtres soufis (Lata'if al-minan fi manaqib al-shaykh Abi l-Abbas al Mursi wa shaykhi-hi al-shadhili abi l-Hasan), trad. Éric Geoffroy, Les Écritures Sacrés (Bernard Grasset, 1998)

Traité sur le nom Allâh (Al qasd Al Mujarrad fi ma'rifat al-Ism al-Mufrad, « Le Livre de l'Aspiration exclusive sur la Connaissance du nom Allah »), trad. Maurice Gloton (Éditions Les Deux Océans, 2001)

La clef de la réalisation spirituelle et l'illumination des âmes (Miftâh al-falâh wa misbâh al-arwâh), trad. Riordan Macnamara, Héritage spirituel (Éditions Albouraq, 2002)

Et son œuvre la plus répandue :

Hikam : paroles de sagesse : suivies d'un choix d'Epitres et des Entretiens confidentiels (Al-Hikam), trad. Titus Burckhardt & El Hâj 'Abd-ar-Rahmâne Buret, Collection Ratna, joyaux de la tradition orientale (Arché, 1999)

Ibn Ata Illah retourna auprès de son Seigneur au Caire en 1309 alors qu'il était âgé d'une soixantaine d'années. Puisse Dieu lui faire miséricorde. Amine.

IBN AJIBAH

Ibn Ajibah était un homme de sciences, de sagesses et un saint accompli. Il vit le jour en 1747 à Al-Khamis, un village au nord-ouest de Tétouan au Maroc, dans une famille descendant du Prophète ﷺ réputée pour sa piété et sa droiture. Ibn Ajibah manifesta très jeune de hautes aptitudes spirituelles et s'impliqua sans relâche dans la recherche de Dieu. Lorsqu'il était jeune enfant, à l'heure de la prière, il criait à sa mère « *Lève-toi, va prier !* » Ne s'arrêtant que lorsque sa mère le prenait sur son dos pour aller prier.

Il fut très tôt attiré par les sciences religieuses, si bien qu'à treize ans seulement il avait entièrement appris le Coran. Préférant la solitude et le retrait plutôt que la compagnie des enfants de son âge, Ibn Ajibah quitta son village pour apprendre la psalmodie du Coran. Et après avoir passé cinq années auprès de plusieurs maîtres, il s'élança dans l'étude des sciences exotériques pendant douze ans à Tétouan et à Fès. C'est alors qu'il découvrit, parmi les nombreux ouvrages qu'il étudia, les « *Hikam* » d'Ibn Ata Illah qui provoquèrent en lui le profond désir de rentrer dans la voie du Soufisme.

Ibn Ajibah nous délivre dans son autobiographie que son corps cherchait Dieu dans les sciences et dans les actes d'adoration ; il passait ses nuits à veiller en prière jusqu'à l'aube ; son cœur était lui aussi consacré à l'invocation de Dieu. Si bien qu'après avoir lu à plusieurs reprises les Hikam d'Ibn Ata Illah, il désira ardemment, l'année de ses trente ans, abandonner ses études et vendre ses livres pour se dévouer entièrement à l'invocation de Dieu et à la prière sur le Prophète ﷺ. Une nuit, alors qu'il priait dans le mausolée du maître Sidi Talha, il vit en songe ce dernier, lui conseillant de continuer à étudier la science. C'est ce qu'il fit, par respect pour le maître Sidi Talha, bien que son cœur n'était plus qu'orienté vers l'invocation de Dieu et à la prière du Prophète ﷺ. Cette même prière qui lui faisait voir de brillantes lumières, des ornements et des choses extraordinaires dont il se détournait. De plus, il lisait le Coran dès qu'il le pouvait, si bien que chaque mois il parvenait à quatorze lectures complètes du livre saint.

Il devint ainsi un éminent savant qui vivait dans l'aisance. Il rentra dans la voie suite à sa rencontre avec le maître Al Darqawi et son élève Al Buzidi, dont il devint le disciple. Son maître commença son éducation spirituelle en lui préconisant le port de vêtements rapiécés, le don de ses biens, la mendicité, et le port de la roseraie autour du cou. Ceci, dans le but de s'attirer les blâmes des autres afin d'arriver à la perte de la distinction sociale. En effet au début de son entrée dans la Voie, Ibn Ajibah jouissait d'un grand prestige et d'un grand respect dans le cercle des savants et auprès des gens en général.

Il dit d'ailleurs : « *aussitôt après mon initiation, je revêtis une djellaba de tissu grossier. Lorsque le maître me vit ainsi vêtu, il se réjouit beaucoup et acquit la certitude que je recevrais des lumières sur les secrets spirituels. Le jour suivant, je fis mon entrée dans la ville de Tétouan, vêtu de cette djellaba avec le groupe des disciples qui prononçaient 'La Ilaha Ila Allah'. Beaucoup de gens nous regardaient, étonnés. J'entendis alors, au-dedans de moi, mon âme qui appelait au secours et criait ; mon corps ruisselait de sueur : c'était en effet la première fois que j'éprouvais une cassure.* »

Ces comportements qui sortaient de la norme sociale attristèrent grandement sa famille et les gens de Tétouan, on le pleurait comme s'il était décédé.

Ibn Ajibah quitta ensuite la ville de Tétouan avec les disciples de son maître Darqawi, il retourna dans son village et y construisit un centre spirituel avec la permission de son maître. Durant quatorze ans, Ibn Ajibah parcourut la campagne avec ses disciples pour appeler les gens à revenir à Dieu et à La Voie. Suivant ses inspirations, ses pérégrinations furent l'objet de nombreux imprévus. Ce fut pour ses élèves de véritables voyages initiatiques. Au bout de trois années seulement, Ibn Ajibah comptait près de six-cents disciples qu'il recevait dans ses deux zawiyas. Il écrivit le livre *iqad al himam*, commentaire du livre *al hikam* d'Ibn Ata Illah, une trentaine années après l'avoir découvert.

Plusieurs de ses écrits ont été traduits en français :

Le soufi Marocain Ahmad Ibn Ajibah et son Mi'raj, Glossaire de la mystique musulmane, Études Musulmanes XIV (Librairie Philosophique J. Vrin, 1989)

Deux traités sur l'unité de l'Existence (Taqyidan fi wahdat al woujoud) (Al Quobba Zarqua, 1995)

L'ascension du regard vers les réalites du Soufisme (Kitab Mi'raj al-Tashawwuf ila Haqa'iq al-Tasawwuf), trad. Jean-Louis Michon, Héritage spirituel (Editions Albouraq, 2010)

Ibn Ajibah mourut en 1809 à l'âge de 62 ans à cause de la peste, qui avait également emporté ses enfants quinze années auparavant. Tout le long de sa vie, il fut grandement éprouvé puisqu'il perdit une vingtaine d'enfants. Son corps fut d'abord enterré à Ghmara puis déplacé auprès des siens. Une source d'eau est apparue autour du cercueil du maître, où aujourd'hui encore les gens vont boire, et vantent ses propriétés miraculeuses.

Aurélien Lépine

CHAPITRE 1

COMPTER SUR SES ŒUVRES

1. Avoir moins d'espoir en cas de faux pas est un signe que l'on compte sur ses actions.

Si tel était le cas, la science du soufisme (*tassawuf*) n'existerait pas. Les résultats des véritables œuvres, et la récolte des fruits des actes purs, sont illustrés par la phrase suivante : « *celui qui œuvre en fonction de la science qu'il a héritée de Dieu, il apprendra ce qu'il ne connaît pas encore.* »[1]

Ainsi, notre maître Ibn Ata Illah commence à traiter le sujet des œuvres en disant : « Compter sur une chose revient à s'appuyer dessus et s'y fier ». L'acte est un mouvement du cœur u du corps. Si ce mouvement est fait en accord avec la Loi (*shari'a*), on l'appelle obéissance. Si, au contraire, ce mouvement est fait en désaccord avec la Loi, on l'appelle désobéissance.

Chez les maîtres spirituels, il y a trois catégories d'œuvres : l'œuvre selon la Loi, l'œuvre selon la Voie, et l'œuvre selon la Réalité divine. On les appelle également les actes de l'Islam, les actes de la Foi et les actes de l'Excellence, ou bien les actes de soumission, les actes d'obéissance, et les actes d'adoration (ou de délivrance), ou encore les actes des gens

---

[1] Rapporté par Abou Na'Im, par la voie d'Ahmad Ibn Hanbal qui le rapporte de Yazid Ibn Haroune, d'après Hamid Tawil, d'après Anès. Ahmad Ibn Hanbal a évoqué ses dires en le prenant de certains successeurs des compagnons qui l'attribuent à Jésus fils de Maryam, que la paix soit sur lui.

du commencement, les actes des gens du milieu du parcours spirituel et les actes des gens qui sont parvenus à la fin du cheminement.

La Loi, c'est Lui vouer un culte, La Voie c'est Le désirer, et la Réalité divine (*haqiqa*) c'est Le contempler. On peut dire que la Loi permet de rectifier les actes externes, la Voie de réformer les cœurs, et la Réalité divine de rétablir les secrets intimes.

Rectifier les actes externes passe par trois conditions : la crainte de Dieu, l'éducation religieuse et la droiture.

Réformer les cœurs passe par trois principes qui sont : la pureté de l'intention, la sincérité et l'apaisement.

Rétablir les secrets intimes nécessite d'investir trois principes qui sont : la vigilance, la contemplation et la connaissance.

On peut aussi dire que pour rectifier les actes externes, il faut s'écarter des interdits et appliquer les Ordres. Pour réformer les cœurs, il faut abandonner toute forme de vice et s'attacher à toutes les formes de vertus. Pour rétablir les secrets, il faut, dans ce cas-là, humilier et briser l'ego jusqu'à l'éduquer à accepter les règles de bienséance, la modestie et le bon comportement.

Sache qu'ici nous avons évoqué les actions nécessaires à la purification des membres, des cœurs, et des âmes. Nous les avons présentées de manières détaillées en fonction de chaque catégorie. En ce qui concerne les sciences et les connaissances, ce sont les fruits de la purification et du perfectionnement. Lorsque les secrets se sont purifiés, ils se remplissent de sciences, de connaissances et de lumières. On ne change pas de station spirituelle tant que la précédente n'est pas acquise et réalisée. Celui dont les débuts sont lumineux aura une fin lumineuse. On ne peut exécuter les œuvres de la Voie tant que les membres et les œuvres ne sont pas conformes à la Loi. Pour cela, il faut remplir les conditions du repentir, de la crainte, et de la droiture. Il s'agit en fait de suivre le Prophète ﷺ dans ses paroles, dans ses actes et dans ses états spirituels (*ahwal*). Lorsque l'externe est purifié et illuminé par la Loi, on peut passer des œuvres externes de la Loi aux œuvres internes de la Voie. C'est ce qui est relatif à la purification des attributs humains et de ce que cela implique.

Dès que l'on se purifie des attributs humains, on se pare des attributs spirituels. Ces attributs spirituels sont la bienséance (politesse) envers Dieu lors de Ses manifestations. Puis, quand les membres fatigués se reposent, il ne reste plus que la bienséance.

Certains hommes réalisés ont dit : « *Celui qui parvient à la réalité de l'Islam n'y reste pas cantonné en s'attachant uniquement à l'accomplissement des œuvres. Celui qui parvient à la réalité de la Foi ne peut pas compter sur ses œuvres sans l'aide de Dieu. Celui qui parvient à la Réalité de l'excellence ne peut se tourner que vers Dieu* ». L'aspirant (à Dieu) ne devra pas compter sur lui ou sur ses œuvres lors de son cheminement dans les stations spirituelles et encore moins sur sa force ou sa puissance. Il ne devra compter que sur les faveurs, la guidance, l'agrément et la rétribution de son Seigneur. Le Très-Haut a dit : « *Ton Seigneur crée ce qu'Il veut et Il choisit ; il ne leur a jamais appartenu de choisir. Gloire à Dieu ! Il est au-dessus de ce qu'ils Lui associent.* » (*Coran*, 28:68) Il a aussi dit : « *Et si ton Seigneur l'avait voulu, Il aurait fait des gens une seule communauté. Or, ils ne cessent d'être en désaccord (entre eux) sauf ceux à qui ton Seigneur a accordé la miséricorde.* » (*Coran*, 11:118)

Le Prophète ﷺ a dit : « *"Aucun d'entre vous n'entrera au Paradis par ses œuvres". On lui demanda alors : "Même pas toi, Ô Envoyé de Dieu ?" Il répondit : "Même pas moi, sauf si Dieu me couvre de Sa Miséricorde."* »[2] Compter sur soi amène le malheur et l'affliction. Compter sur ses œuvres est le signe que l'on n'a pas encore réalisé que tout est éphémère. S'attacher aux miracles et aux états spirituels montre que l'on ne fréquente pas les hommes de Dieu. Compter uniquement sur Dieu révèle qu'on Le connaît. Parmi les signes prouvant que l'on ne compte que sur Dieu, il y a que l'espoir ne diminue pas en cas de désobéissance et qu'il n'augmente pas lorsqu'un acte d'excellence émane de nous. On peut dire en d'autres

---

[2] D'après un hadith d'Abou Hourayra, authentifié par Boukhari et Mouslim.

termes que la crainte ne grandit pas lorsque l'on commet un acte par in-advertance, tout comme l'espoir ne grandit pas lorsque survient l'éveil. On doit constamment balancer entre la peur de Dieu et l'espoir en Lui. La peur résulte du témoignage de Sa Majesté alors que l'espoir découle du témoignage de Sa Beauté. La Majesté et la Beauté du Vrai ne grandissent pas ni ne diminuent, elles ne sont pas soumises au changement. Voilà comment celui qui compte sur Dieu voit les choses contrairement à celui qui compte sur ses œuvres. Ce dernier, s'il œuvre peu, son espoir dimi-nue et s'il œuvre beaucoup son espoir augmente. Cela est dû au fait qu'il a associé ses œuvres à Son Maître à cause de son ignorance. S'il s'était éteint à lui-même et qu'il subsistait par son Seigneur, il serait apaisé de ses peines et il Le connaîtrait.

Cela nécessite un maître accompli qui doit te retirer aux peines infli-gées par ton ego et te placer dans le repos par la vision de Ton Seigneur. Le maître parfait, accompli dans sa réalisation spirituelle, est donc celui qui t'apaise de tes peines et non celui qui t'y pousse. Celui qui te montre le chemin des œuvres t'épuisera, celui qui te montre le chemin du bas monde te trompera, et celui qui te montre Dieu aura fait preuve de bon conseil comme l'a si bien dit le maître Ibn Mâchich[3] : « Appeler à Dieu, c'est pousser à l'oubli de soi. Si tu t'oublies, c'est que tu évoques ton Sei-gneur. » Le Très-Haut a dit : « *Et évoque ton Seigneur si tu oublies [...]* » (*Coran*, 18:24). La cause de nos peines vient de l'évocation de notre ego, et du fait de s'occuper soigneusement de nos besoins et de notre bien-être. Celui qui n'y prête pas attention ne trouve que sérénité.

Concernant la parole du Très-Haut, « *Nous avons créé l'homme dans l'affliction* » (*Coran*, 90:4), c'est-à-dire dans la peine, ceci est particulier aux gens du voile : ceux dont l'ego est toujours vivant. En revanche, ce-lui qui a tué son ego, le Très-Haut dit de lui : « *Si celui-ci est du nombre*

---

[3] Sidi Abou Hassane Shadhili a dit : « j'ai interrogé mon Shaykh Moulay Abd Salam Bani Machich à propos du hadith : *"facilitez les choses, ne les rendez pas difficiles, annoncez la bonne nouvelle et ne les repoussez pas."* Il me répondit : *"Celui qui te montre le chemin du bas monde te trompe, celui qui te montre le chemin des œuvres t'épuise et celui qui te montre le chemin de Dieu a fait preuve de bon conseil."* » Version de Ibn Machich, Maître de Abou Hassane Shadhili, fondateur de la Voie soufie Shadhili.

des rapprochés, alors il jouira de repos, de la grâce et du jardin des délices » (*Coran*, 56:89). Ce verset désigne le repos de l'arrivée à Dieu, la grâce de la beauté et les jardins de la perfection. Le Très-Haut a dit : « *Nulle fatigue ne les y touchera[...]* » (*Coran*, 15:48). « Fatigue » est ici synonyme de peine et lassitude. Cependant, on n'accède à la sérénité qu'après les afflictions. La victoire n'est obtenue qu'après la quête : « Le paradis est entouré de choses détestables. »

> *Ô toi, amoureux du sens de notre beauté*
> *La dot est élevée pour nous épouser.*
> *Le corps affaibli et l'âme dans l'immensité du ciel*
> *Les paupières qui ne goûtent pas au sommeil.*
> *Le cœur qui ne contient rien d'autre que Nous.*
> *Si c'est ce que tu veux alors voilà le prix à payer.*
> *Si c'est ce que tu veux alors éteins toi à tout jamais.*
> *L'extinction t'apporte cette richesse*
> *Ôte tes sandales lorsque tu pénètres dans ce sanctuaire.*
> *En lui est notre Sainteté*
> *Exile-toi de l'Univers*
> *Enlève ce [voile] qui est entre Nous et parmi Nous*
> *Si on te demande pour qui tu t'es pris de passion*
> *Réponds : « Je suis Celui que j'aime, et Celui que j'aime est moi. »*

Il faut franchir six pentes raides pour atteindre le domaine de la proximité dans « La résolution des énigmes et l'ouverture des trésors »[4] :

La première est d'empêcher les membres de violer la Loi Sacrée.

La seconde est d'empêcher son ego de s'attacher aux habitudes quotidiennes.

La troisième est de détourner son cœur des caprices humains.

---

[4] Livre écrit par Azz Dine Abd Salam Ben Ahmad Ben Ghanim Ben Ali Al Maqdissi Shafi'i, mort en 678 de l'hégire au Caire. Ce livre a été faussement attribué à Izz din Abd Salam, surnommé le Sultan des savants, décédé en 660, mais Dieu est plus Savant.

La quatrième est de débarrasser son ego de ses impuretés naturelles.

La cinquième est de délester son âme de l'influence des sens.

La sixième est de défaire son intellect des illusions provenant de l'imagination.

Surmonte la première montée pour arriver aux fontaines des sagesses du cœur. Après avoir franchi le second obstacle, tu accéderas aux secrets des sciences religieuses. Tu arriveras ensuite à la troisième pente où t'apparaîtront les signes des conversations intimes du Royaume des mystères (*al malakout*), c'est alors que brilleront les lumières du compagnonnage intime. Au quatrième obstacle, puis au cinquième, on te montrera les lumières de la contemplation avec amour. Tu descendras ensuite la sixième pente vers les jardins de la Sainte Présence.

Là, tu ne t'arrêteras plus à l'aspect primaire et dense des sens, car tu verras les subtilités que contient l'être humain. S'Il veut te choisir, en faisant de toi un élu, Il te fera boire une gorgée de la coupe de Son Amour. Cette gorgée augmentera encore plus ta soif, ton désir ardent de goûter à cette coupe, dans ta quête de proximité. Tu ne seras plus préoccupé que par le silence. Voilà Son Bien-aimé.

Les dires du Très-Haut « *Entrez au Paradis par ce que vous faisiez* » (*Coran*, 16:32) confrontés aux dires du Prophète ﷺ « Aucun d'entre vous n'entrera au Paradis par ses œuvres », ont complètement confondu quelques vertueux. La réponse est que le Livre (le Coran) et la Tradition prophétique alternent entre la Loi (*shari'a*) et la Réalité divine (*haqiqa*), c'est-à-dire entre la législation et la réalisation. Pour un même sujet, ils vont se référer à la Loi exotérique ou ils vont se référer à la Réalité divine et interne. Le Coran peut légiférer à certains moments et la Tradition prophétique (*sounnah*) apporte la réalité profonde. D'autres fois, la Tradition prophétique légifère et le Coran nous apporte la réalité profonde. L'Envoyé de Dieu ﷺ explicite ce que Dieu a fait descendre. Dieu le Très-Haut a dit : « *Et c'est sur toi que Nous avons fait descendre le Coran, pour que tu exposes clairement aux gens ce qu'on a fait descendre pour eux afin qu'ils réfléchissent* » (*Coran*, 16:44). Les dires du Très-Haut « Entrez au Paradis par ce que vous faisiez » sont une prescription pour les gens sages, ce sont les gens de la Loi. Quant aux dires du Prophète ﷺ :« Aucun d'entre vous n'entrera au Paradis par ses œuvres », il s'agit d'une réalité profonde à laquelle les gens de la puissance, c'est-à-dire les gens de la Réalité divine, doivent se référer.

Le Très-Haut a dit : « *mais vous le voudrez que si Dieu, le Seigneur de l'Univers, le veut.* » (*Coran*, 76:30) Il s'agit d'une réalité profonde alors que la parole du Prophète ﷺ :« *Lorsque l'un d'entre vous fait une bonne action, on lui inscrit une bonne action* »[5] se réfère à la Loi (*shari'a*) prescrite.

En conclusion, le Coran est en conformité avec la Tradition prophétique et la Tradition prophétique est en conformité avec le Coran. Une personne se doit donc d'utiliser ses deux yeux : un œil regarde la Réalité divine et l'autre doit regarder la Loi. Si le Coran légifère pour un sujet, c'est qu'il y a forcément eu un autre sujet pour lequel il faut se référer pour la Réalité divine. Si la Tradition prophétique légifère pour un sujet, c'est qu'il y a forcément eu un autre sujet pour lequel il faut se référer à la Réalité divine et profonde, à moins que ce ne soit le Coran qui en apporte la Réalité. Il n'y a aucune contradiction et confusion entre un verset et une parole du Prophète ﷺ . Pour en revenir à la confusion que peut engendrer la parole du Très-Haut « Entrez au Paradis par ce que vous faisiez » et les paroles du Prophète ﷺ « Aucun d'entre vous

---

[5] D'après Abou Hourayra, que Dieu l'agrée, l'Envoyé de Dieu ﷺ a transmis ces propos d'après son Seigneur, l'Exalté : « Quand un de Mes adorateurs veut commettre une mauvaise action, ne l'inscrivez pas à son passif tant qu'il ne l'a pas encore accomplie ; s'il l'accomplit, ajoutez à son passif une seule mauvaise action. En revanche s'il veut faire une bonne action, et même s'il ne l'accomplit pas, ajoutez-lui à son actif une bonne action ; mais s'il l'accomplit, ajoutez-lui dix bonnes actions. » Le Prophète ﷺ a dit : « les anges ont dit : "Ô Seigneur, untel serviteur veut commettre un péché" (bien qu'Il le voie mieux qu'eux). Surveillez-le, et s'il le commet, alors inscrivez-lui un péché, et s'il le délaisse, alors inscrivez-le en sa faveur, car il l'a délaissé pour Moi. » Le Prophète ﷺ a dit : « si l'un d'entre vous purifie sa religion en l'améliorant, alors chaque bonne action qu'il fait sera multipliée par dix jusqu'à sept cents. Chaque mauvaise action est comptabilisée comme une seule mauvaise action, et ceci jusqu'à ce qu'il rencontre Dieu. » Rapporté par Muslim

n'entrera au Paradis par ses œuvres », on peut l'expliquer par le fait que lorsque Dieu le Très-Haut a appelé les gens à l'Unicité (monothéisme) et à l'obéissance,ceux-ci ne rentraient dans l'Islam que par convoitise et intérêt personnel. Voilà pourquoi Il leur a promis la récompense pour leurs œuvres. Lorsque l'Islam a affermi leur pas, le Prophète ﷺ les a fait sortir de cette manière sommaire de voir les choses et il les a élevés en les purifiant, pour qu'ils arrivent à un état de servitude désintéressé et sincère. Quand ils ont réalisé cet état d'intention pure et sincère, c'est alors qu'il leur a dit « Aucun d'entre vous n'entrera au Paradis par ses œuvres. »

Et Dieu le Très-Haut sait mieux.

Le deuxième signe que l'on compte sur nos actions, est la volonté de l'égo de recourir aux moyens comme l'explique la sagesse suivante :

2. Ta volonté de te dépouiller (*tajrid*) de ce bas-monde en renonçant par toi-même aux moyens auxquels Dieu te permet d'avoir recours est la marque d'une passion enfouie. Ta volonté de recourir aux moyens, alors que Dieu t'impose le renoncement, prouve ton manque d'ambition spirituelle.

Chez les soufis, il y a trois sortes de dépouillement : le dépouille-ment uniquement externe, le dépouillement uniquement interne et le dépouillement à la fois interne et externe. Le « dépouillement externe » signifie pour le serviteur de ne plus avoir recours aux causes de ce bas monde, et peut se traduire par le fait de surpasser les limites humaines. Le « dépouillement interne » signifie libérer l'ego de toute attache et s'affranchir des illusions. Se dépouiller extérieurement et intérieurement signifie donc abandonner les habitudes physiques et abandonner tout at-tachement interne. On peut également dire que le renoncement externe signifie abandonner tout ce qui distrait les membres de l'obéissance à Dieu ; le renoncement interne signifie abandonner tout ce qui distrait le cœur de la présence de Dieu ; se détacher extérieurement et inté-rieurement signifie isoler son cœur et le façonner au gré de Dieu. Le dépouillement externe complet signifie délaisser les causes et dévêtir son corps des habits communs ; en interne, c'est dépouiller son cœur de tous les défauts vils et l'embellir de nobles qualités. Voilà le dépouillement parfait auquel le maître de nos maîtres, Sidi Abd Rahman Al Majdhoub[6], fait allusion quand il dit :

> Ô familiers de la science de l'Unicité
> Là où se trouvent les océans qui occultent
> Voilà la station des gens du dépouillement
> Ceux qui restent auprès de leur Seigneur

Celui qui se dépouille extérieurement sans se dépouiller intérieurement est un menteur. C'est comme s'il voulait faire passer du cuivre pour de l'argent. Il est laid intérieurement et beau extérieurement. Celui qui se dépouille intérieurement sans se dépouiller extérieurement, c'est comme s'il voulait faire passer de l'argent pour du cuivre. Cela n'arrive pas souvent, car la plupart du temps, lorsqu'on s'évertue à se dépouiller intérieurement, on s'évertue aussi à se dépouiller extérieurement. Le véritable effort consiste donc à se dépouiller sous tous les aspects à la fois intérieurs et extérieurs. Celui qui a réussi à se dépouiller intérieurement et extérieurement est complètement véridique ; il est tel l'or pur qui convient aux coffres-forts des rois.

Le maître Abou Hassan Shadhili[7] a dit : « La bienséance (adab) du disciple (faqir) qui s'est dépouillé de tout est visible à travers quatre aspects : le grand respect des anciens, la miséricorde avec les jeunes, l'équité envers lui-même et la maîtrise de son ego. »

La bienséance du disciple, qui a recours aux causes, se divise en quatre aspects : fréquenter les pieux, s'écarter des gens qui mènent une vie dissolue, prier en groupe, subvenir aux besoins des pauvres et des nécessiteux avec les moyens dont il dispose.

---

[6] Saint soufi extatique marocain de la Voie Shadilite du 16em siècle connu pour ses quatrains en langue populaires qui traitaient des maux de la société
[7] Maitre spirituel soufi du 13e siècle qui a établi la voie portant son nom

On attend aussi de ce disciple qu'il fasse preuve de la bienséance des gens du dépouillement s'il a parfaitement assimilé les quatre piliers. Fait également preuve de bienséance, celui qui a encore recours aux causes afin de mener à bien les tâches auxquels le Vrai l'a astreint, jusqu'à ce que ce soit le Vrai, le Très-Haut, qui l'en dispense ; soit par un ordre délivré de la bouche de son maître, s'il en a un, soit par une indication claire ou par une allusion qu'il reçoit de quelque manière que ce soit. C'est seulement à ce moment-là que le disciple pourra passer au stade du dépouillement. Son désir de renoncer par lui-même aux moyens que Dieu lui a imposés est la marque d'une passion enfouie, car dans ce cas-là l'ego y trouve le repos. Cependant, il n'aura pas la certitude nécessaire pour supporter les difficultés liées à la pauvreté, car dès que l'extrême pauvreté descend sur ton ego, il tremble et, pris de panique, il revient aux causes. Ceci est beaucoup plus grave que si ton ego s'était contenté d'avoir recours aux causes pour subvenir à ses besoins. Les appétits et les désirs sont à l'origine de cet incident. Cette passion est cachée, car extérieurement ton ego exprime la volonté de se couper du monde. Il souhaite l'ascèse, ce qui constitue en soi un rang noble, et un état spirituel élevé alors qu'intérieurement il vise secrètement le repos, la sainteté, les honneurs, ou tout autre statut.

Ton ego n'a pas pour but de se soumettre complètement, ou de fortifier ta foi. C'est aussi un manque de politesse envers le Vrai que de vouloir sortir d'un état de soi-même, sans patienter, sans attendre l'autorisation de ne plus avoir recours aux causes. Les signes que l'on est toujours attaché à ce monde sont : de toujours chercher à obtenir des résultats, de vouloir se débarrasser des obstacles qui nous coupent de la religion, et de chercher à accomplir les obligations qui incombent à un groupe. Un des autres signes apparaît lorsque l'ego délaisse ce qui a été évoqué précédemment, est que le regard des gens et la subsistance lui causent des soucis. En revanche, s'il va au-delà de ces faits, alors il avance vers le dépouillement.

On peut lire dans le livre Tanwir[8] : « ce que le Vrai veut de toi, c'est que tu demeures là où Il t'a placé jusqu'à ce que ce soit Lui, le Vrai, le Très-Haut, qui décide de t'en faire sortir, tout comme c'est Lui qui a décidé de t'y faire entrer. En vérité, il ne s'agit pas de renoncer aux causes, il faut que ce soit les causes qui renoncent à toi. »

Un sage a dit : « J'ai renoncé à telle et telle cause, puis j'y suis revenu, puis ce furent les causes qui renoncèrent à moi et je n'y suis plus revenu. » Puis, il a dit : « je suis allé chez le maître Abou al Abbas Al Moursi[9], déterminé à définitivement renoncer à tout. Je me disais intérieurement :"Je suis loin d'arriver à Dieu le Très-Haut dans l'état dans lequel je suis. Je suis trop préoccupé par la science externe et la fréquentation des gens." Le maître me dit alors sans que je ne lui pose aucune question : "Un homme occupé par la science externe, qui était une référence dans ce domaine, est devenu mon compagnon et a goûté un peu à la Voie. Il revint me voir et me dit : « Ô Mon Maître ! Je désire sortir de l'état dans lequel je suis pour me retirer en votre compagnie. » Je lui dis alors : « L'affaire ne se présente pas ainsi ; reste là où Il t'a placé, car Dieu a déjà décrété pour toi ce que tu devras atteindre sous notre direction. » Le maître me regarda alors et dit : « c'est ainsi que les véridiques (siddiqine) agissent. Ils ne changent pas de situation tant que le Vrai, glorifié soit-il, ne se charge de les en faire sortir. »" Je quittais son domicile et Dieu nettoya mon cœur de ces idées. Je trouvais ensuite le repos dans la soumission à Dieu le Très-Haut. Le Prophète ﷺ a dit de ces personnes que : "l'assise avec ces gens n'amène pas d'affliction." »

Le sage a expliqué l'anecdote avec Abou al Abbas Al Moursi en disant : « Le maître a interdit le dénuement, car l'ego le désirait avec avidité. Lorsque l'ego désire et est avide de quelque chose, c'est que celle-ci lui est légère et agréable. Il n'y a pas de bien ni de bonheur dans ce qui est facile et léger pour l'ego. » Il dit ensuite : « l'aspirant, le disciple, le mourid, ne

---

[8] Ibn Ata Illah al Iskandari, *De l'abandon de la volonté propre (Al-Tanwir fi isqat al-tadbir)*, trad. AbdAllah Penot (Alif Éditions, 1997)
[9] Maître spirituel soufi du 13ᵉ siècle d'origine andalouse et successeur spirituel de Abou Hassan Shadhili

doit se dépouiller que lorsque l'état où il se sent fort passe, s'il veut réellement bénéficier des bienfaits du dépouillement. S'il soumet son ego au renoncement, alors qu'il est dans un état où il se sent fort, la faiblesse en résultera. Faiblesse qui sera suivie de près par des ennemis qui viendront troubler et tenter le disciple. Peut-être que si le Très-Haut ne l'avait pas pris en charge avec bienveillance, en lui permettant la fréquentation des gens, il serait revenu à ce qu'il avait quitté jusqu'à ce qu'il ait une mauvaise opinion à propos des gens du dépouillement. Il aurait alors dit : "Il n'y a rien de vrai, nous sommes rentrés dans un pays, mais nous n'avons rien vu." »

Celui à qui pèse le dépouillement est le premier à qui on demande de renoncer à tout. Cela lui est pénible, car il a réalisé qu'une épée est sur son cou et que s'il esquisse le moindre mouvement, elle lui tranchera la veine jugulaire. Concernant celui qui a renoncé à tout, s'il veut revenir aux causes, aux affaires de ce monde, sans autorisation claire, alors il s'agira d'une chute de l'aspiration (ambition spirituelle) élevée vers une aspiration plus basse. On peut dire qu'il s'agit de la chute de la grande sainteté vers la petite sainteté. Le maître de notre maître Sidi Ali[10] rapporte que son maître Sidi al Arbi[11] lui a dit : « Ô, mon fils, si j'avais vu quelque chose de plus élevé que le renoncement total, ou qui s'en rapproche, ou qui soit plus bénéfique, je t'en aurais fait part. Pour les gens de cette Voie, il est considéré comme un élixir : une goutte de cette potion a plus de valeur que tout l'or qui peut être contenu entre l'Orient et l'Occident. Voilà ce que représente le dénuement au sein de cette Voie. »

J'ai entendu le maître de notre maître dire : « La connaissance de celui qui vit dans le renoncement est meilleure. Ses idées sont plus claires, car la pureté découle de la pureté et le trouble découle du trouble. La pureté intérieure découle de la pureté extérieure et le trouble intérieur découle du trouble extérieur. Plus on se fie à ses sens, plus la compréhension des significations spirituelles diminue. » Selon certains récits, si un savant

---

[10] Maître spirituel soufi de la Voie Shadhiliya marocain surnommé Ali Al Jamal
[11] Moulay Al Arbi Darqawi, disciple de Ali Al Jamal, est un maître spirituel marocain de la Voie Shadhiliqui créa une nouvelle branche « darqawiya » ayant vécu entre le 18e et le 19e siècle

prend quelque chose de ce monde, il baisse d'un degré dans l'estime de Dieu même s'il a pris dans le but de dépenser avec générosité pour Dieu. Celui qui est autorisé à user des moyens de ce monde a le même statut que celui qui s'est dépouillé puisque les moyens auxquels il a recours sont un acte d'adoration. En vérité, le dépouillement sans autorisation revient à chercher à avoir recours aux causes, et le recours aux causes avec autorisation est en fait un dépouillement.

Mise en garde : toutes ces paroles sont adressées aux cheminant ; ceux qui sont arrivés et qui sont fermement établis ne sont pas concernés. Ils sont ravis à eux même, ils prennent de Dieu, et redistribuent par Dieu. Dieu se charge de leurs affaires, Il protège leurs secrets spirituels et leurs cœurs sont gardés par les soldats des lumières. L'injustice et l'obscurité de tout autre que Dieu n'a point d'effet sur eux. Les Compagnons vivaient dans cet état vis-à-vis des causes, que Dieu nous fasse profiter de leurs bénédictions (baraka), Amine. Sache que celui qui doit recourir aux causes et celui qui y a renoncé œuvrent tous les deux pour Dieu. Tous les deux sont sincèrement orientés vers Dieu. Un connaissant a dit : « celui qui a renoncé aux causes et celui qui doit les faire sont comme deux esclaves d'un Roi. L'un "travaille et mange", et l'autre "reste en Sa présence et Il se charge de sa subsistance". » Cependant, la sincérité dans l'orientation (vers Dieu) de celui qui s'est détaché du monde est plus forte, car il n'est plus entravé puisqu'il a coupé tout contact comme nous l'avons précisé.

L'aspiration spirituelle (*himma*) du disciple qui s'est totalement dénué est, pour la plupart du temps, en conformité avec les dires du Prophète 🕊 : « *Dieu a des hommes qui, s'ils devaient jurer par Dieu, Il les exaucerait.* »[12] Le Prophète 🕊 a dit : « *Prenez garde au regard clairvoyant du croyant, car il voit par la Lumière de Dieu* »[13]. Notre maître a dit : « Par Dieu, il y a des gens qui n'ont d'ambition et d'aspiration qu'avec l'autorisation préalable de Dieu. »

---

[12] Rapporté par Abou Hourayra, Mouslim et Tirmidhi
[13] Rapporté par Thaouban, Al Hafidh Ibn abd al Barr

Le maître craignait que l'on puisse imaginer que « les aspirations » soient capables de percer les murs de la prédestination et puissent accomplir ce qui n'a pas été décidé par le destin et le décret divin. C'est pour cette raison qu'il dit dans la sagesse suivante :

3. Les murs de la prédestination ne peuvent être transpercés par les aspirations que l'on projette.

L'aspiration, ou ambition spirituelle (*himma*), est la force que le cœur projette lorsqu'il recherche quelque chose avec dévouement.

Si ce qui est recherché est élevé, tel que la connaissance de Dieu ou son agrément, c'est une haute aspiration. Si la chose recherchée est basse, comme le fait de courir après les biens de ce monde, c'est une basse aspiration. Avoir des ambitions préalables élevées est un gage de qualités innées requises pour celui qui désire se purifier. On peut dire d'une autre manière que les murs de la prédestination ne peuvent être transpercés par les aspirations préalables. Cela signifie que si le connaissant ou le disciple (*faqir*) aspire ou ambitionne à quelque chose, et que celle-ci devient de plus en plus forte, alors Dieu fera advenir la chose visée en un instant, parce qu'Il est capable de tout.

Les volontés, les décisions et les actes deviennent alors ceux de Dieu. Le maître de notre maître Moulay al Arbi a dit : « Si le disciple sincère est annihilé dans le Nom de Dieu lorsqu'il ambitionne quelque chose, celle-ci survient. » Voilà la signification de la sagesse concernant les aspirations et la prédestination. Dans certains récits on rapporte que Dieu le Très-Haut dit : « Ô Mon serviteur, Je suis Dieu, quand Je dis à une chose "soit", elle est ! Obéis-Moi, et Je ferai en sorte que lorsque tu dis à une chose "soit", elle sera. » Une tradition prophétique authentique le dit aussi : « *Quand Je l'aime, alors Je suis sa vue, son ouïe, ses mains, Je serai pour lui un soutien, s'il Me demande, Je lui donne [...]* »[14]

---

[14] D'après un Hadith Qudsi rapporté par Abou Hourayra, compilé par Al Boukhari

Il faut noter cependant que la volonté et l'ambition ne se dissocient pas du décret et du destin divin. Elles sont en harmonie totale avec Sa Volonté. Si l'aspiration d'un connaissant se dirige vers une chose en harmonie avec le décret divin, c'est par la permission de Dieu. Dans ce cas-là, si les remparts de la prédestination se dressent, l'ambition n'essaye pas de forcer le passage. Au contraire, elle fait preuve de bienséance, s'harmonise avec la prédestination et revient à son état de servitude, sans regret ni tristesse. Elle se réjouit de revenir à la place qui lui est désignée et de retrouver son attribut de servitude.

Le maître de nos maîtres Sidi Ali a dit : « Quand nous annonçons quelque chose et qu'elle se produit, nous éprouvons de la joie. Et si elle ne se produit pas, cette joie est multipliée par dix. » Ceci, car il a reçu la connaissance divine. On a demandé à un des connaissants : « comment as-tu acquis la connaissance divine ? » Il a répondu : « en abandonnant et en contrariant toute volonté propre », voilà le résultat d'une forte aspiration.

Si une personne a une ambition malveillante et jette un mauvais œil, comme l'envieux ou le sorcier, il se peut que ce qu'il a visé se réalise avec la permission de Dieu. Mais là non plus, il ne traversera pas les remparts de la prédestination avec ses ambitions. Ce n'est que par la volonté de Dieu, l'Unique, le Contraignant, que cela s'est produit. Le Très-Haut a dit : « *ils ne sont capables de nuire qu'avec la permission de Dieu.* » (*Coran*, 2:102) Le Très-Haut dit également : « *Mais vous ne pouvez vouloir que si Dieu veut.* » (*Coran*, 76:30) Le Prophète ﷺ a dit : « *Tout est prédestiné et décrété, même l'incapacité (faiblesse) ou l'intelligence.* »[15] Ceci concerne tout acte accompli avec ardeur. Quant à l'aspiration faible, elle ne produit rien, car elle ne peut influer sur ce qui l'a précédée, que ce soit en bien ou en mal.

Les métaphores qui parlent « des remparts » et de « l'action de les pénétrer » signifient que celui qui essaye de pénétrer ces remparts ne se rend pas compte des forces qui sont confrontées à celle de son ambition. Elle fait face aux murs du destin. D'un côté, il y a Celui qui assiège, c'est

---

[15] D'après un Hadith rapporté par Tawous, compilé par Mouslim.

le Contraignant. Et d'un autre côté, il y a le serviteur insignifiant dont la force n'est d'aucune utilité.

Si l'aspiration du serviteur ne peut briser les remparts de la prédestination, alors que dire du fait de « vouloir choisir ce que l'on veut », et de « se charger de soi-même des affaires de ce monde » (*tadbir*) ? Comme le dit la sagesse suivante :

4. Repose ton âme de sa gestion car un autre s'en charge.

La gestion, le « tadbir », en langue arabe signifie « s'occuper des tenants et des aboutissants des affaires de ce monde. »

Dans le langage de la spiritualité, le maître Zarruq[16] l'explique en disant que la gestion c'est « *essayer de déterminer et gérer les choses espérées ou redoutées qui pourraient se produire, en essayant de prendre des décisions ou en déléguant ses responsabilités.* »

Si l'on essaye de déléguer nos responsabilités en nous en remettant à Dieu en vue de l'au-delà, l'intention est bonne. S'il s'agit d'assouvir un besoin naturel : c'est un appétit, si c'est pour la vie de ce bas monde : c'est un désir...

Le maître Zarruq termine en disant que le tadbir est de trois sortes : le blâmable, le souhaitable, et l'autorisé.

Le tadbir *blâmable* est celui qui s'accompagne de détermination et de ténacité déplacées (malvenues/exagérées), même dans le contexte de la religion, car c'est là un manquement vis-à-vis de la bienséance. Il n'engendre que la fatigue. Si le Vivant, Celui qui subsiste par Lui-Même ne se charge pas de toi, ce n'est certainement pas toi qui pourras le faire à Sa place.

---

[16] Saint soufi et juriste marocain affilié à l'école de jurisprudence Malékite ayant vécu au 15ᵉ siècle

La plupart du temps où tu essayes de faire preuve d'autogestion, les vents du décret divin ne le facilitent pas. Au contraire, cela ne t'apporte que du souci et de l'affliction. C'est pour cela qu'Ahmad Ibn Masrouq[17] a dit : « Celui qui se décharge de la gestion de son âme trouve le repos. » Sahl Ibn Abdallah [18]a dit : « Abandonne l'autogestion (*tadbir*) et le choix, car ils troublent les gens à propos de leur subsistance. » Le Prophète ﷺ a dit : « *Dieu a mis l'aisance et la quiétude dans la certitude et le contentement.* »[19]

Le maître Abou Hassan Shadhili a dit : « Ne fais aucun choix en ce qui te concerne, choisis plutôt de ne pas choisir. Puis fuis le fait de ne pas choisir. Fuis ensuite toutes choses à l'exception de Dieu et *"Ton Seigneur crée ce qu'Il veut, puis Il choisit pour ce qu'il a créé."* (*Coran, 28:68*) »

Le maître a aussi dit : « Si tu es obligé de gérer une situation, alors choisis de ne rien gérer et de ne rien déterminer. » Il a aussi dit que « celui qui ne se charge de rien, on s'en charge pour lui. »

Le maître de notre maître Sidi Ali a dit : « L'une des qualités du saint parfait et accompli, c'est qu'il ne ressent pas la nécessité d'être dans une autre situation, ou dans un autre état que celui dans lequel Dieu l'a mis à l'instant. » On peut dire d'une autre manière que chacune des volontés du saint parfait découle de Celui qui est à l'origine de la Puissance. Toutes les paroles prononcées par nos maîtres sont destinées à ceux qui essayent de régler leurs soucis, chacun selon les particularités de son ego. Celui qui remet son sort entre les mains de Dieu n'est pas concerné par ce que nous venons d'évoquer.

Le tadbir *souhaitable* est celui qui touche aux obligations religieuses et aux actes d'obéissance tout en se remettant à la volonté et à la puissance divine. C'est ce que l'on appelle la bonne intention. Le Prophète ﷺ a

---

[17] Maître spirituel Soufi d'origine iranienne ayant vécu à Baghdad au 3ᵉ siècle de l'Hégire
[18] Appelé aussi Tustari : Saint Soufi Musulman né en Iran et ayant vécu en Irak durant le 9ᵉ siècle.
[19] D'après un hadith de Ibn Mas'oud (Compilé par Tabarani)

dit : « *L'intention du croyant est meilleure que ses actes.* »[20] Il a aussi rapporté de Dieu, le Majestueux : « *Si mon serviteur avait aspiré à faire une bonne action, mais qu'il n'a pas pu la faire, Je lui inscris l'équivalent d'une bonne action.* »[21] Voilà comment il faut comprendre les paroles du maître : « ce dont un autre se charge. » Ces paroles ne concernent pas les actes d'obéissance, car pour les actes d'obéissance il n'y a pas de mal à en assumer la charge. C'est pour cela qu'Ibrahim Al Khawwas[22] a dit :« Toute la connaissance se trouve dans ces deux affirmations : ne t'occupe pas de ce qu'on t'a déjà accordé et qui te suffit amplement, et ne gaspille pas ce qui t'est nécessaire. » La première affirmation concerne le tadbir blâmable, la seconde le tadbir souhaitable.

Le maître Abou Hassan Shadhili a dit : « Tous les choix qui sont conformes à la Loi (*shari'a*) ainsi que les moyens mis en œuvre pour les mettre en place ne sont, en réalité, pas les tiens. En aucun cas. » En effet, ce sont des choix que Dieu a faits pour toi. Tu n'as qu'à écouter et obéir. C'est le domaine de la jurisprudence divine et de la connaissance du dévoilement. C'est la terre sur laquelle Dieu a fait descendre la connaissance de la Réalité divine (*haqiqa*). Cette connaissance est acquise par ceux qui en ont les aptitudes. Être « apte » signifie être mature, sain d'esprit, et avoir une connaissance complète. La Loi et la Réalité divines sont en parfaite harmonie et en parfait équilibre, mais il n'est pas souhaitable que la connaissance amène à une abondance de paroles de la part du cheminant au point de l'en distraire de Dieu.

Le tabdir *autorisé* est appliqué lorsqu'il s'agit de remédier à ses besoins naturels et mondains, tout en se remettant à la Volonté divine et à ce qui émane de Son décret.

C'est ici que l'on doit se référer au Prophète ﷺ quand il dit :« *Le tadbir est la moitié de la subsistance.* »[23] Sans toutefois faire preuve d'acharne-

---

[20] Compilé par Al Bayhaqi et Tabarani. Le sens parvient à celui qui médite, et le fait que cette tradition ait été souvent rapportée l'a rendu connu (*mashour*)

[21] Rapporté notamment par Abou Hourayra et Mouslim.

[22] Maître spirituel soufi Irakien ayant vécu au 9ᵉ siècle.

[23] Compilé par Al Qada'i, Daylami, Al Bayhaqi et Tabarani selon des chaines de transmissions différentes.

ment. La part de ce qui t'est autorisé est comme un bienfait qui pénètre dans le cœur par un chemin et qui en ressort par un autre. Voilà comment gérer les choses d'une manière divine, à la manière des connaissants et de ceux qui se sont réalisés spirituellement. C'est là le signe que tout tourne autour de Dieu. Si la Puissance divine s'oppose à ce que l'on avait projeté de faire, on n'éprouve pas un sentiment d'oppression, ou d'affliction. Conforme-toi plutôt aux vers du poète :

> *Soumets-toi à la paix et suis-là, où qu'elle aille.*
> *Suis les vents du destin et tourne là où ils tournent.*

Dans l'œuvre « Tanwir »[24] il est dit : « Sache que les choses sont soit louables soit condamnables, tout dépend de ce à quoi elles te mènent. Le tadbir blâmable te détourne de Dieu et t'empêche d'œuvrer au service de Dieu, et porte préjudice à la relation que tu entretiens avec Lui. Le tabdir louable est celui qui te mène à la proximité de Dieu, qui te fait accéder à Son Agrément. »

Pour le reste des propos du maître concernant le tadbir, reporte-toi à l'excellent livre « Tanwir ». Quant à moi, j'ai traité le sujet avec des citations et des explications concernant le sujet du tadbir.

Et Dieu le Très-Haut est savant.

Le livre « Tanwir » a été revu par le saint parfait Sidi Yaqout al Arshi[25] qui a dit à son auteur : « Tout ce qui a été énoncé dans ton livre se trouve résumé dans ces deux vers : »

> *N'advient que ce qu'Il veut,*
> *délaisse tes inquiétudes et retire-toi.*
> *Abandonne tes préoccupations, tu trouveras le repos.*

Le troisième signe que l'on compte sur ses actions est de rechercher avec insistance ce qui nous est garanti et négliger ce qui nous est demandé. Se préoccuper des tenants et des aboutissants des affaires de ce

---

[24] Iskandari, *De l'abandon de la volonté propre (Al-Tanwir fi isqat al-tadbir)*
[25] Saint soufi éthiopien du 14ᵉ siècle ayant vécu à Alexandrie

monde, et dans leur choix est le signe que la vision spirituelle est troublée. Abandonner ses préoccupations, ou agir par Dieu est le signe que la vision spirituelle est ouverte.

L'auteur des Sagesses (*al hikam*) évoque l'ouverture et le trouble de la vision spirituelle au travers de cette sagesse très célèbre :

5. Rechercher avec insistance ce qui t'est garanti et négliger ce qu'Il attend de toi témoigne de ton manque de clairvoyance.

La « clairvoyance » désigne la vision interne tandis que la vue désigne la vision externe. La vision interne et spirituelle ne voit que les significations, et la vue ne voit que les choses sensorielles. On peut aussi dire que la vision spirituelle ne voit que les choses subtiles, et la vue ne voit que ce qui est apparent. L'œil du cœur ne voit que ce qui est intemporel et l'œil physique ne voit que ce qui est temporel. La vision spirituelle ne voit que le Créateur, et la vue ne voit que les créatures.

Lorsque Dieu veut ouvrir l'œil du cœur de son adorateur, Il l'occupe extérieurement par Son Service et intérieurement par Son Amour. Plus le croyant œuvre extérieurement pour Dieu, plus son amour devient intense, et plus la lumière de la vision spirituelle devient forte. Il voit de plus en plus avec la vision spirituelle, jusqu'à ce que cette vision du cœur prenne le dessus sur la vue de l'œil physique. La lumière de la vue disparaît alors dans la lumière de la clairvoyance. Le croyant ne voit alors plus qu'avec la vision spirituelle et ne perçoit plus que les significations subtiles, et les lumières pré-éternelles.

Voilà donc la signification des vers du maître de nos maîtres Sidi Abd Rahman al Majdhoub :

> *Ma vision s'est évanouie dans la Sienne.*
> *Et je fus annihilé à tout ce qui est éphémère.*
> *J'ai réalisé que je ne trouverais que Lui.*
> *Et je suis demeuré apaisé, à tout jamais dans cet état.*

Lorsque Dieu veut égarer un serviteur, Il l'occupe extérieurement en le mettant au service des créatures et des choses de ce monde, pendant que son interne est attaché à leur amour. Il demeure dans cet état jusqu'à ce que la lumière de sa vision spirituelle s'estompe et se trouble. La vue de l'œil physique a le dessus sur la vision spirituelle, et il ne voit plus que les choses perceptibles par les sens externes. C'est là que le serviteur déploie ses efforts pour obtenir des biens qui lui sont déjà garantis, et qu'il néglige les obligations qui lui incombent. Si l'effort qu'il fournit l'absorbe totalement dans la recherche des biens de ce monde et que la négligence se transforme en abandon de ses obligations, la vision trouble devient aveuglement. Voilà la vraie mécréance, que Dieu nous en préserve. Le monde d'ici-bas est comme la rivière de Gédéon (*jalout*) : aucun de ceux qui venaient y boire pour étancher leur soif n'était sauvé, sauf ceux qui prenaient une simple gorgée tenant dans le creux de la main. Alors, comprends. Tels sont les dires du maître Zarrouq.

Le maître Abou Hassan Shadhili a dit : « La vision spirituelle est comme la vue : s'il lui arrive quoi que ce soit, cela l'empêche de voir, même si ça ne la rend pas aveugle. Il y a un danger dans ce qui brouille la vue, et dans ce qui trouble la pensée et la volonté, car cela éloigne le bien. Celui qui ne se met pas à l'abri de ce danger perdra une partie de son Islam, et on lui donnera l'opposé en échange. Celui qui persiste à rester dans cette situation aura l'islam retiré. Il en est de même pour toute notre communauté si celle-ci devient partisane des ténèbres, de l'amour des richesses et du rang social. Si l'amour de ce bas-monde l'emporte sur celui de l'au-delà, alors l'islam aura totalement quitté la personne. Ne sois pas leurré par les apparences, car elles sont vides et n'ont pas d'âme... »

L'Islam véritable consiste à aimer Dieu ainsi que les serviteurs vertueux.

6. Ne désespère pas si l'exaucement tarde à venir en dépit de tes invocations insistantes. Il a promis qu'il allait te répondre en ce qu'Il aura choisi pour toi, et non en ce que tu auras choisi pour toi-même, quand Il le voudra et non quand tu le voudras.

Ce qui est demandé est intimement lié à la nature de celui qui a fait cette demande. Sache qu'un des noms du Très-Haut est « *Al Qayyum* » (*Coran*, 2:255), c'est-à-dire « *celui qui Subsiste par Lui-même.* » Ce nom est une hyperbole de « *Immuable* » et de « *Celui qui apporte la subsistance.* » En effet, Dieu se charge des affaires de Sa Création, de Son Trône jusqu'à la surface de la Terre. Il a assigné un temps bien défini, une échéance déjà fixée, une forme connue à l'avance, et une subsistance fixée à l'avance pour chacune des manifestations de ce monde : « *Quand leur terme vient, ils ne peuvent le retarder d'une heure et ils ne peuvent le hâter non plus.* » (*Coran*, 7:34) Lorsque ton cœur s'attache à une chose de ce monde ou de l'au-delà, reviens à la promesse que Dieu t'a faite. Contente-toi de la science que Dieu te donne et ne sois pas cupide, car cela ne t'apportera que lassitude et avilissement. Le maître de notre maître, Moulay Al Arbi Darqawi, a dit : « *Les gens règlent leurs affaires selon leurs désirs et en fonction des conséquences qui pourraient en découler. Quant à nous, nous réglons nos affaires en nous en détachant et en donnant la priorité à Dieu.* »

Si tu dois invoquer Dieu, il faut que ton invocation soit une adoration et non pas la demande d'une part de quelque chose. Si tu délaisses ces parts, elles te seront restituées. Si une demande t'envahit, et que tu la Lui adresses, et qu'Il tarde à t'exaucer, ne doute pas de Sa promesse. Dieu le Très-Haut a dit : « *Invoquez-Moi et Je vous répondrai.* » (*Coran*, 40:60) Ne désespère pas de Ses faveurs et de Son assistance. Dieu t'a garanti qu'Il te répondrait en te donnant ce qu'Il veut des bienfaits de ce monde et de l'autre. S'Il ne t'exauce pas, c'est uniquement par bienveillance, car ce que tu as demandé ne te convient pas. Le maître Abou Hassan Shadhili a dit : « *Ô, Dieu, nous sommes incapables de repousser et d'éviter le mal sur des choses que nous connaissons, alors comment serions-nous capables de repousser et d'éviter le mal en ne sachant pas ce que nous ne savons pas ?* »

Certains exégètes du Coran ont dit à propos de ce verset du Très-Haut : « *Ton Seigneur crée ce qu'Il veut et Il choisit ; il ne leur a jamais appartenu de choisir* » (*Coran*, 28:68) que cela signifie qu'Il choisit ce qui est bénéfique pour eux (Ses adorateurs) et Il leur répond à un moment qu'Il aura déterminé, qui sera le plus convenable et le plus bénéfique pour eux. Il ne répond pas au moment où toi tu veux, et il se peut aussi qu'Il attende la Demeure éternelle de la Générosité de la Rétribution. Ceci est meilleur et plus durable pour toi. Le Prophète ﷺ a dit : « *Celui qui fait une invocation fait partie d'un des trois : celui dont la demande est immédiatement exaucée, celui qui sera récompensé pour sa demande après un certain délai, celui qui sera préservé d'un mal équivalent.* »[26]

Le maître Abd al Aziz al Mahdawi[27] a dit : « *Celui qui ne délaisse pas le choix et ne se satisfait pas de celui du Vrai, le Très-Haut, quand il invoque, on le mène à sa perte progressivement sans qu'il ne s'en rende compte de la manière suivante : "Dieu dit aux anges « Comblez ses vils besoins car je déteste entendre sa voix. »"* »

Par contre, celui qui délaisse les choix pour lui-même et laisse le Vrai, le Très Haut, choisir à sa place, on lui répondra, même si on ne lui donne pas ce qu'il demandait dans ses invocations. Les comptes se font à la Fin. On voit la validité, ou non, des actions par la manière dont elles sont scellées. Il t'a clairement explicité la manière dont Il te récompensera à l'avenir conformément à Sa promesse, comme Il veut Lui et au moment où Il l'aura décidé. Il t'a ordonné d'être sincère dans ta demande et de croire aveuglément à ce qu'Il t'a promis. Il t'a interdit de douter de Sa promesse et de répéter incessamment la même demande. Il te donnera alors une vision spirituelle complète et la lumière de ton secret spirituel te réjouira.

Le maître dit ensuite dans la sagesse suivante :

---

[26] Rapporté par l'Imam Malik.
[27] Saint soufi Tunisien du 13ᵉ siècle, disciple du Pôle spirituel Abou Madyan.

7. Ne doute pas de Sa promesse si elle ne se réalise pas même si le moment a été prescrit et déterminé, car cela pourrait nuire à ta clairvoyance et occulter la lumière de ton secret.

Le « secret » est la capacité qui permet d'accumuler les sciences et la connaissance.

Sache que l'ego, l'esprit, l'âme et le secret ne sont qu'une seule et même chose, c'est uniquement la dénomination qui change en fonction de ce qui est perçu. L'ego ne voit qu'à travers le prisme des appétits et des désirs. L'esprit perçoit les lois religieuses. L'âme perçoit les manifestations et les suggestions divines (*waridat*). Le secret est la place où ont lieu les réalisations spirituelles et où les signes de Sa Toute-Puissance permanente sont perçus. Occulter une chose signifie la cacher après qu'elle ait été apparente. Quand le Vrai, Gloire au Très-Haut, fait une promesse Il s'exprime au moyen d'une révélation, ou d'une inspiration, qu'Il a accordée au Prophète ﷺ ou au saint. Il peut le faire aussi à travers une manifestation sans équivoque. Si tu es vraiment sincère, ô disciple, alors ne doute pas de Sa Promesse. S'Il n'a pas précisé quand Sa Promesse se réaliserait, alors tout est possible. Elle peut survenir dans un laps de temps très court, tout comme elle peut se réaliser beaucoup plus tard. Seulement, ne doute pas du fait que Sa Promesse sera tenue, même si cela met du temps.

Par exemple, l'invocation de nos maîtres Moise et Haroun à l'encontre de Pharaon « *Ô notre Seigneur, anéantis leurs biens et endurcis leurs cœurs, afin qu'ils ne croient pas, jusqu'à ce qu'ils voient le châtiment douloureux* » (*Coran*, 10:88) fut exaucée quarante ans après qu'ils l'aient faite. Si le moment a été précisé et que rien ne se produit, ne doute pas de la véracité de la Promesse. C'est peut-être lié à des causes et à des raisons imperceptibles, qui ont été occultées au Prophète ﷺ ou aux saints. Dieu veut ainsi montrer qu'Il est le Contraignant, le Puissant, le Sage et le Juste. Médite sur le cas de notre maître Jonas (Younous), que la paix soit sur lui, lorsqu'il a annoncé une punition divine à son peuple après qu'il en ait été informé. Puis il les a fuits parce qu'ils ne se soumettaient pas à Dieu. Entre-temps, ils se sont soumis, et Dieu a repoussé Sa Sentence.

Il y a un autre exemple avec notre maître Noé (Nuh), que la paix soit sur lui, quand il a dit : « *Ô mon Seigneur, certes mon fils est de ma famille et Ta promesse est vérité. Tu es le plus juste des juges.* » (*Coran*, 11:45) Pour ce verset, Noé s'est arrêté au sens externe de la parole de Dieu, à l'image des gens du commun, c'est alors que le Très-Haut lui répondit : « *Ô Noé, il n'est pas de ta famille, car ses œuvres ne sont pas bonnes, ne Me questionne pas sur ce dont tu n'as aucune connaissance. Je t'exhorte afin que tu ne sois pas au nombre des ignorants. Nous avons promis que seules les personnes de ta famille qui sont vertueuses seront sauvées, si tu l'as compris au sens premier et littéral alors sache que Notre Savoir est vaste.* » (*Coran*, 11:46) Le secret caché dans cette annonce résidait dans le fait que seuls les membres vertueux de sa famille étaient évoqués dans cette promesse.

Le Prophète ﷺ , ainsi que les plus grands véridiques de cette terre, ne s'arrêtent pas au sens premier et littéral d'une Promesse. Ils n'éprouvent point ce sentiment de besoin et de nécessité, et ils ne prennent leur décision qu'en accord avec Dieu. Ils voient l'immense étendue de Sa Science, ainsi que l'application de Sa Puissance contraignante. Notre maître Abraham (Ibrahim), l'ami intime de Dieu, était de ces gens-là. Voilà pourquoi il a dit : « *Je n'ai pas peur des associés que vous Lui donnez. Je ne crains que ce que veut mon Seigneur. Mon Seigneur embrasse tout de Sa Science. Ne vous rappelez-vous donc pas ?* » (*Coran*, 6:80) Notre maître le prophète Shuayb, que la paix soit sur lui, a dit : « *Certes nous aurions forgé un mensonge contre Dieu si nous étions revenus à votre religion après que Dieu nous en ait sauvés. Il ne nous appartient pas d'y retourner, à moins que Dieu notre Seigneur ne le veuille. Notre Seigneur embrasse toute chose de Sa Science.* » (*Coran*, 7:89)

Notre Prophète ﷺ fait aussi partie de ceux qui voient l'immense étendue de Sa Science et de Sa Puissance. Voici ce qui lui est arrivé lors de la bataille de Badr. Ce jour-là, il pria jusqu'à ce que son manteau glisse de ses épaules. Il disait : « *Ô, Mon Dieu, Tu t'es engagé et Tu as promis.*

Ô, Mon Dieu, si ce groupe est détruit, il n'y aura plus personne pour t'adorer. » Son plus proche compagnon Abou Bakr, le Véridique, a dit : « *Cela suffit, Ô Prophète de Dieu, Il a pris en compte ta demande, et Il tiendra Sa Promesse.* » Dans cette situation, l'Élu, que les prières et les bénédictions soient sur lui, avait une vision plus large : il ne s'est pas uniquement cantonné à l'aspect littéral de la Promesse alors que c'était le cas de son noble compagnon Abou Bakr, le Véridique. Les deux opinions étaient correctes, cependant le Prophète ﷺ avait une vision plus globale, plus large, plus éclairée et une science plus complète.

Concernant la trêve de Hudaybiyya, le moment de la réalisation de la Promesse n'était pas clairement déterminé, car Dieu a dit : « *Il savait que vous ne saviez pas. Il a placé en deçà de cela (la trêve de Hudaybiyya) une victoire proche.* » (*Coran,* 48:27) Lorsqu'Omar a dit : « *"ne nous as-tu pas informés que nous allions entrer à la Mecque ?" Le Prophète* ﷺ *a dit : "est-ce que je t'ai dit que ce serait cette année ?" Non, répondit Omar. Le Prophète* ﷺ *dit : "Tu y pénétreras en faisant la circumambulation (tawaf) autour de la Kaaba"* »[28]

Accroche-toi fermement, mon frère, à croire en ce que Dieu t'a promis. Garde une bonne opinion à Son égard et en Ses saints, et plus particulièrement en ton maître spirituel (*shaykh*). Prends garde à ce que le déni ou le doute ne t'affectent pas, car cela pourrait nuire à ta vision spirituelle en la brouillant ou en la faisant disparaître. Les lumières de ton secret risquent aussi de s'éteindre ou d'être moins fortes. Tu risques alors de revenir à tes débuts, en revenant d'où tu es venu, et de démolir tout ce que tu as construit. Essaye d'avoir la meilleure interprétation et la meilleure opinion, en gardant bon espoir de l'issue.

Nous récitons les paroles du maître de nos maîtres, Sidi Ali : « *Quand nous annonçons quelque chose et qu'elle se produit nous éprouvons de la joie, et si elle ne se produit pas cette joie est multipliée par dix.* » Il a dit cela en raison de sa grande connaissance de Dieu et de sa vision éclairée et étendue. Mais aussi parce que les saints de Dieu peuvent parfois

---

[28] Rapporté par Ibn Kathir dans son exégèse du Coran.

connaître le décret lorsqu'il descend, même s'ils n'ont pas accès aux subtilités et à la bienveillance qui accompagnent ce décret. Cette douceur et cette subtilité descendent de manière tellement légère et facile qu'elles sont imperceptibles. Nous témoignons de cela personnellement et nos maîtres aussi. Cela n'a pas diminué notre sincérité ni éteint la lumière de notre secret. Que Dieu soit loué.

Remarque : cette sagesse a rendu notre maître, le juriste (*faqih*) Sidi Tawdi Ben Souda[29], confus : « *Comment s'imaginer que l'on puisse donner un temps bien déterminé (pour l'accomplissement d'une promesse) si ce n'est à travers la Révélation ? Pourtant, la Révélation s'est arrêtée et il n'y a plus que les inspirations. Celui qui doute de la vision spirituelle ne doit pas la critiquer, même si ce n'est pas un pilier de la foi.* »

Nous lui répondons que nos paroles s'adressent aux disciples sincères qui sont dans le cheminement spirituel, ainsi qu'à ceux qui sont arrivés. On leur demande de croire sincèrement en chaque parole que leur maître prononce, car ils sont les héritiers des prophètes. Ils marchent sur leurs pas. Les prophètes reçoivent les jugements et les lois divines, et les saints reçoivent l'inspiration, car leur cœur est purifié de toutes altérités et de toutes préoccupations. Ils sont remplis de lumières et de secrets. Seule la vérité s'y manifeste. S'ils font une promesse ou donnent un avertissement, le disciple doit le croire. Si le doute ou l'hésitation s'emparent du disciple à propos de ce que Dieu a promis par le biais de Son Prophète ﷺ , ou de son maître, la lumière de sa vision spirituelle se ternit et son secret spirituel diminue. Si le moment où cette promesse se réalisera n'est pas déterminé, alors attends patiemment qu'elle survienne, même si cela prend du temps.

Si une promesse avait dû s'accomplir à un moment bien spécifique et que rien ne s'est produit, alors suis la trace du Prophète ﷺ qui interprétait les évènements de manière positive, et qui s'en remettait à Dieu pour les causes ou les raisons non révélées qui sont à l'origine du retard de la promesse ou de sa non-occurrence.

---

[29] Juriste et Soufi marocain du 14ᵉ siècle

Voilà comment on différencie le sincère (*sadiq*) et le véridique (*siddiq*). Le véridique n'hésite et ne s'étonne jamais alors que le sincère hésite avant d'agir. S'il voit des miracles ou des choses qui sortent de l'ordinaire, il est surpris et s'étonne. Et Dieu est savant.

Chapitre 2

Les différents types d'œuvres

Le fait qu'Il se fasse connaître à toi est une faveur qui provient de Lui et qui t'est adressée, alors que les œuvres sont ce que toi tu Lui adresses.

8. S'Il t'ouvre une voie dans la connaissance, peu importe que tes œuvres soient minimes. Il ne l'a fait que parce qu'Il veut se faire connaître à toi. Ne sais-tu pas que la connaissance est ce qu'Il te donne, alors que les œuvres sont ce que tu Lui offres ? Comment peux-tu comparer ce que tu Lui offres à ce qu'Il te donne ?

La connaissance est l'enracinement du savoir véritable dans le cœur du serviteur.

Je dis : si Dieu se manifeste à toi par Son Nom le « Majestueux » (*Al Jalal*), ou par Son Nom le « Contraignant » (*Al Qahar*) et qu'Il t'ouvre une porte afin de t'amener à Sa Connaissance par le biais d'un de ces Noms, alors sache que Dieu le Très-Haut t'a pris en charge. Il a voulu te privilégier par Sa Proximité et t'élire pour te faire bénéficier de Sa Présence. Alors, attache-toi à la bienséance, à la satisfaction et à la soumission envers Lui. Accepte tout ce qui vient de Lui avec joie et bonheur. Ne te soucie pas des œuvres que tu n'as pas accomplies alors que tu en étais capable, bien qu'il s'agisse là d'un moyen pour accéder aux œuvres du cœur. Il ne t'a ouvert cette porte que parce qu'Il veut lever le voile qu'il y a entre toi et Lui. Ne sais-tu pas que les procédés majestueux qu'Il utilise pour Se faire connaître te sont imposés afin que tu sois Son compagnon ?

Les œuvres nécessitant l'utilisation du corps sont, quant à elles, une offrande de ta part afin que tu parviennes à Lui. Il y a une grande différence entre tes actes pleins d'imperfections et de défauts, tes états spirituels déficients que tu Lui offres, et le patrimoine des connaissances divines et des sciences religieuses que Dieu met à ta disposition. Garde espoir, ô disciple, en dépit du fait qu'Il veuille se faire connaître d'une manière imposante, impressionnante, majestueuse ou lorsque descendent sur toi Sa Rigueur et Sa Contrainte. Cela peut se traduire par les maladies, les douleurs, les famines, des horreurs, la pauvreté, une situation extrêmement modeste, des préjudices que les créatures te font subir ou toute autre chose pesante, détestée ou douloureuse pour l'ego. Tout ce que Dieu fait descendre sur toi est en réalité de grandes faveurs dont Il te gratifie, et des dons généreux qui augmentent ton degré de sincérité. Plus ton degré de sincérité grandit, plus Il se fait connaître à toi. « *Les hommes les plus éprouvés furent les prophètes, les hommes vertueux, et puis leurs semblables.* »[1] La sincérité n'est pas sans suite : si Dieu veut, Il raccourcit la longue distance qui le sépare de Son serviteur, Son serviteur sera alors digne d'entrer en Sa Présence, tout comme l'or et l'argent sont purifiés par le feu avant de mériter leur place dans un trésor royal. Les maîtres et les connaissants se réjouissent de Ses Manifestations quand elles descendent sous forme d'épreuves, car ils se préparent à recevoir des dons. Le maître de nos maîtres, Sidi al Imrani (Shaykh Ali Al Jamal), appelait cet évènement « la Nuit du destin » et la surnommait « l'épreuve reine du resserrement ». Elle est meilleure que mille mois, car le disciple récolte le fruit des œuvres de son cœur, ne fût-ce qu'un simple atome. Un atome d'une œuvre faite avec le cœur est meilleur que des montagnes d'œuvres faites avec les membres du corps.

À ce sujet, j'ai écrit deux vers :

Quand le temps de l'extrême pauvreté frappe à ma porte,
Je lui ouvre celle de la joie et de l'allégresse.
En lui disant « tu es la bienvenue,
Ton temps passé chez moi m'est préférable à la nuit du destin. »

---

[1] Hadith compilé par Tirmidhi, Ibn Majah, Nasa i.

Sache que les manières majestueuses, par lesquelles Il se fait connaître, sont des épreuves de Dieu. Elles permettent de distinguer l'argent et l'or, du cuivre. De nombreux prétendants n'affichent leur connaissance et leur certitude qu'avec la langue, mais quand les tempêtes des vents du décret les frappent, ils sont pris par le désespoir et le refus. Celui qui prétend avoir des choses qu'il n'a pas sera dévoilé au grand jour par les épreuves.

Le maître de nos maîtres Moulay al Arabi disait : « *Il est vraiment étonnant de voir une personne qui recherche la connaissance de Dieu avec ardeur s'enfuir et Le renier en bloc lorsqu'Il se fait connaître à lui.* »

Notre maître Al Bouzidi a dit : « *Dieu se fait connaître à Son serviteur à travers trois catégories de manifestations majestueuses : celle de la punition et de l'expulsion, celle de l'éducation et de la mise en garde, celle de la progression et de l'ascension.* »

En ce qui concerne la « *punition et l'expulsion* », cela s'applique à celui qui fait preuve d'impolitesse. Il se fait punir sans qu'il sache pourquoi. Il se fâche, désespère et se met à nier. Alors Dieu l'éloigne et l'expulse encore plus loin.

La catégorie de l'« *éducation et la mise en garde* » s'applique aussi à celui qui fait preuve d'impolitesse : alors Dieu, le Très-Haut, lui enseigne la discipline. Par cette éducation, Dieu lui montre son manque de bienséance et le met en garde contre ses négligences. Dieu, par ces reproches adressés et ses punitions manifestes, lui fait en réalité une grande faveur.

La catégorie de la « *progression et l'ascension* » se caractérise par la descente inopinée de manifestations majestueuses par lesquelles Dieu se fait connaître. Par ceci, le disciple reçoit la connaissance et l'éducation, afin d'accéder à la station de l'enracinement et de l'affermissement de la foi. Voilà pourquoi certains ont dit : « *L'enracinement varie en fonction de l'épreuve. La mise à l'épreuve de Celui qui demeure éternellement te coupe du reste définitivement.* »

Conseil utile : Si tu veux supporter les manifestations de Sa Majesté avec aisance, alors accueille-le avec son opposé, c'est-à-dire la Beauté.

Ainsi, tu verras Sa Majesté se transformer immédiatement en Beauté. Pour cela, il faut procéder de la manière suivante : quand Il se manifeste extérieurement par Son Nom « *celui qui restreint et contraint* » (*Al Qabidh*), tu dois Le rencontrer avec décontraction et effusion intérieure. Sa Restriction et Sa Contrainte se transformeront alors immédiatement en effusion et en décontraction. S'Il se manifeste à toi par Son Nom le « Fort », accueille-le avec faiblesse. S'Il se manifeste avec Son Nom le « Puissant », accueille-le intérieurement avec humilité. Voilà comment on peut accueillir une chose par son contraire avec sagesse et force.

Le maître de nos maîtres Moulay al Arabi a dit : « *Il ne s'agit que d'une seule et même réalité, si tu la bois en considérant que c'est du miel, elle aura le gout du miel, si tu la bois comme du lait, elle aura le gout du lait, et si tu la bois en te disant que c'est de la coloquinte alors elle en aura le gout. Alors, bois mon frère, bois ce qui est bon et délaisse ce qui est mauvais.* »

Il t'accueillera comme tu L'as accueilli, et Dieu est Savant.

9. La nature des œuvres s'est diversifiée, afin que descendent différents états spirituels. Les œuvres sont des formes figées, mais leur âme contient le secret de la sincérité pure.

La nature des œuvres s'est diversifiée, afin que descendent différents états spirituels.

Les idées suggérées par l'ego (*khawatir*), les inspirations divines (*waridat*) et les états spirituels (*ahwal*) se localisent au même endroit : au niveau du cœur. C'est le lieu des suggestions, qu'elles soient lumineuses ou ténébreuses. Si elles sont ténébreuses, les gens réalisés spirituellement les appellent les suggestions de l'ego. Si elles sont lumineuses, ou bien que les suggestions ténébreuses sont coupées, ils les appellent les suggestions divines ou états spirituels. Les suggestions s'ajoutent les unes aux autres pour se compléter, puis changent. Mais quand l'état perdure, on l'appelle « station » (*maqam*).

Les actes du cœur influencent les actes du corps, lorsque le resserrement s'imprime dans le cœur. Les membres reflètent cet état :

Lorsque la décontraction s'empare du cœur, cela se traduit par une aisance dans les mouvements des membres. Lorsque l'ascétisme et le scrupule s'emparent du cœur, les membres manifestent ces états en abandonnant ou en ayant en aversion tout report concernant les actes d'adorations ou d'obéissance. Si le cœur ressent du désir ou de l'avarice, cela s'exprime par la fatigue et le surmenage des membres. Quand l'amour et le désir ardent s'emparent du cœur, la danse mystique et l'extase s'emparent des membres. Lorsque la connaissance et la contemplation s'installent dans le cœur, les membres manifestent de l'apaisement et de la tranquillité.

Il y a toutes sortes d'états qui entraînent toutes sortes d'actions. Différents états peuvent passer par un seul cœur, c'est pour cela que les œuvres sont diverses. Si un cœur est dominé par un seul état, alors le comportement extérieur le sera aussi. Si une personne est dominée par le resserrement, alors elle sera pour la plupart du temps réservée, stricte et sévère. S'il est détendu intérieurement, alors extérieurement elle sera démonstrative. Il en est de même pour tout autre état spirituel. Et Dieu est Savant.

Le Prophète ﷺ a dit dans une tradition prophétique : « *Il y a un morceau de chair dans le corps, lorsqu'il est sain tout le corps est sain, mais lorsqu'il est corrompu tout le corps est corrompu : il s'agit du cœur.* »[2]

Je dis : cette tradition prophétique nous confie que chaque individu du soufisme vit des états spirituels différents. Certains se concentrent sur les actes d'adorations, d'autres sont des ascètes, d'autres travaillent le scrupule, d'autres sont des disciples et d'autres des connaissants. Le maître Zarrouq a dit dans son livre intitulé « les règles du soufisme »[3] : « *La dévotion, c'est prendre tout chemin vertueux sans se préoccuper d'autre chose que cela. Celui qui désire réaliser la dévotion, en accomplissant des actes de*

---

[2] Hadith unanimement reconnu authentique
[3] Shaykh Ahmad Zarrouq, Qawa'id al-tassawuf (les règles du soufisme)

piété, quels qu'ils soient, est un adorateur. S'il se penche davantage sur ses états spirituels, alors c'est un homme scrupuleux. Si sa volonté de se détacher de tout prend le dessus dans sa recherche de paix et de soumission, alors c'est un ascète. S'il se laisse totalement porter par la volonté divine : c'est un connaissant, et s'il s'attache au bon comportement et à ses relations (avec Dieu et son entourage) alors c'est un disciple qui chemine. » Les différents chemins empruntés n'impliquent pas forcément des buts différents. En réalité, il y a plusieurs voies, mais un unique objectif. L'adoration, l'ascétisme et la connaissance sont des chemins qui rapprochent de Dieu, par la voie de la dignité et de la noblesse.

Tous ces chemins sont liés. Le connaissant doit forcément s'adonner à des actes d'adoration, sinon il ne tirerait aucun enseignement de sa connaissance seule, et elle ne lui serait d'aucune utilité s'il n'adorait pas Celui qu'il connait. Le connaissant doit aussi être un ascète, car il n'accédera à aucune réalité spirituelle, et à aucune réalisation spirituelle s'il ne se consacre pas qu'à Lui. L'adorateur doit aussi faire preuve d'adoration religieuse, d'ascétisme et de connaissance. Pour qu'une adoration soit bien accomplie, il faut qu'elle soit accompagnée de connaissance et l'adoration ne se vide de toutes les impuretés qu'avec l'ascétisme. Il en est de même pour l'ascète. Point d'ascétisme sans connaissance et adoration, car sans cela se détacher du monde ne servirait à rien. Celui qui est dominé par les œuvres est un adorateur, celui qui est dominé par l'abandon de ce bas monde est un ascète, celui qui voit la façon dont Dieu gère les choses est un connaissant. Et tous sont des soufis (saints), et Dieu est savant.

Comme la sincérité est une condition nécessaire à toute œuvre, Ibn Ata Illahdit ensuite :

Les œuvres sont des formes figées, mais leur âme contient le secret de la sincérité pure.

L'« âme » est un secret niché chez tous les êtres vivants, même chez les animaux.

Il est exprimé, par cette sagesse, ce par quoi la perfection et la pureté des actes sont atteintes chez les êtres humains. La « sincérité » est le dévouement total du cœur à l'adoration du Seigneur, c'est son secret et son essence. La « sincérité » implique d'être débarrassé de tout sentiment de puissance ou de force.

L'action ne peut être totalement sincère qu'après avoir pris des distances avec la sensation de force et de toute puissance. La sincérité bannit l'ostentation et le polythéisme caché. Le secret placé dans la sincérité bannit la vanité et le fait de vouloir attirer l'attention sur soi. L'ostentation ronge l'œuvre jusqu'à ce qu'elle ne soit plus saine, et la vanité ronge l'œuvre jusqu'à ce qu'elle ne puisse plus être accomplie.

Je dis : toute œuvre est composée d'un corps, d'une ombre, et d'une âme qui contient en elle la sincérité. Les ombres ne peuvent exister que parce qu'il y a une âme. S'il n'y en a pas, alors l'œuvre est nulle et non avenue. Il ne peut y avoir d'œuvre du cœur ou du corps sans qu'elle soit accompagnée de sincérité, sinon ce ne serait qu'une simple forme figée avec une ombre vide, sans aucune valeur. Le Très-Haut dit : « *et adorez Dieu en Lui vouant un culte sincère* » (*Coran*, 39:2). Le Très-Haut a dit aussi si « *Et il ne leur a été ordonné de n'adorer que Dieu en Lui vouant un culte sincère.* » (*Coran*, 98:5) Le Prophète ﷺ rapporte que, Dieu, Glorifié soit-Il, a dit : « *Je suis au-dessus de tout associé et Je suis le plus digne d'entre eux. Celui qui a un associé autre que Moi, alors Je l'abandonne ainsi que ce à quoi il M'associe.* »[4] Le Prophète ﷺ a dit : « *Ce que je crains le plus pour ma communauté c'est le polythéisme caché, c'est-à-dire l'ostentation.* »[5]

Une autre tradition relate que le Prophète ﷺ a été interrogé à propos de la sincérité. Il a répondu après avoir interrogé l'ange Gabriel (*Djibril*) qui lui-même interrogea Dieu : « *c'est un de Mes Secrets que j'enfouis dans*

---

[4] Rapporté par Abou Hourayra, compilé par Muslim et Ibn Majah.
[5] Compilé par Al Hakim

le cœur de Mon serviteur. Personne n'y a accès, ni l'ange pour le noter, ni le diable pour le corrompre. »[6]

Certaines personnes sincères ont dit qu'il s'agissait de la station de l'excellence : « *adorer Dieu comme si tu Le voyais.* »

Il y a trois degrés de sincérité : celui des gens du commun, celui de l'élite et celui de l'élite de l'élite.

La sincérité des gens du commun consiste à expulser tout être qui entrave leur relation avec Dieu, tout en convoitant une part de ce monde et de l'au-delà. Les parts de ce bas monde sont par exemple : avoir la santé, des biens, une bonne subsistance ; les parts de l'au-delà sont les châteaux et les vierges du paradis (*houris*).

La sincérité des gens de l'élite est la recherche des parts de l'au-delà en délaissant celles de ce bas monde.

La sincérité de l'élite de l'élite consiste à sortir de toute considération visant à posséder une quelconque part, qu'elle soit de ce bas monde ou de l'au-delà. Leur adoration n'a pour but que de réaliser un état de servitude, de s'acquitter des tâches seigneuriales, et d'agir par amour et désir ardent de Le Voir. Comme l'a dit Ibn Al Farid :

Je ne veux pas les délices des jardins du paradis.
Je désire seulement Te voir.

Un autre a dit :[7]

Tous l'adorent par crainte de l'enfer
Voyant dans le salut une grande récompense
Ou se voyant habiter le paradis, se prélasser
Dans les jardins et buvant l'eau de Salsabil
Je n'ai aucun avis sur le paradis ou l'enfer

---

[6] Compilé par Al Ghazali dans son ouvrage sur la revivification des sciences de la religion, par Al Hafidh Al Iraqi selon une version légèrement différente et par Al Qushari dans sa Rissala

[7] Il s'agit d'un poème écrit par la célèbre sainte soufie Rabi'a al Adawiyya

Je n'échangerai rien contre mon amour pour Lui

Le maître Abou Talib Al Makki[8] a dit : « *Pour les gens sincères, la sincérité consiste à expulser tout être qui entrave leur relation avec Dieu. Le premier de ces êtres est l'ego. Chez les amoureux, la sincérité est de ne pas agir selon son ego, car sinon la recherche d'une récompense viendrait s'y greffer, ou sinon l'ego voudrait recevoir quelque chose. La sincérité chez les gens de l'unicité consiste à expulser de leur champ de vision tout être lorsqu'il agit (l'ego en premier lieu), et ils ne cessent plus d'œuvrer.* »

Certains maîtres spirituels ont dit : « *Corrige tes actes par la sincérité et parfait ta sincérité en te délestant de tout sentiment de force et de puissance.* »

Certains connaissants de Dieu ont dit : « *On ne peut être réellement sincère que lorsqu'on ne se soucie plus du regard des gens et qu'ils ne se soucient plus du nôtre.* » C'est pour cela que d'autres ont dit : « *moins les créatures t'estiment et plus tu montes dans l'estime du Créateur ; plus tu cherches à avoir de l'importance auprès des gens et plus tu t'éloignes dans l'estime de Dieu.* » Ce que l'on veut dire par « l'estime » et « l'importance » c'est de se faire remarquer, se montrer, mais aussi d'être constamment surveillé et épié.

J'ai entendu nos maîtres spirituels dire : « *Tant que le serviteur scrute le regard des gens avec inquiétude, il ne connaîtra pas la sincérité.* » Ils ont aussi dit : « *On ne peut surveiller les créatures tout en étant attentif à Dieu, il est impossible de voir Dieu, et autre que Lui en même temps.* »

---

[8] Maître spirituel soufi du 10e siècle d'origine iranienne ayant vécu à La Mecque et en Iraq. Connu pour s'adonner à de nombreux exercices spirituels et à l'ascèse. Il est aussi un maître spécialisé dans le hadith et un jurisconsulte affilié à l'école juridique Shafi'ite.

10. Enterre ton existence sous la terre de l'abandon, car ce qui pousse sans avoir été enterré ne parvient pas à maturité.

Je dis : dissimule ton ego, ô disciple, enterre-le sous une terre abandonnée qui deviendra sa compagne intime et il trouvera une saveur dans ce compagnonnage, à tel point que cette compagnie deviendra pour ton ego plus douce que le miel. Te montrer au grand jour deviendra pour toi plus amère que la coloquinte. Une fois que tu auras enseveli ton ego dans une terre abandonnée et qu'il y aura pris racine, tu pourras en cueillir les fruits et en voir les résultats. Il s'agit du secret de la sincérité, et la réalisation des degrés spirituels des gens de l'élite auprès de Dieu.

En revanche, si tu n'enterres pas ton ego dans cette terre de l'abandon et que tu le laisses errer vers la renommée, alors l'arbre mourra et les fruits tomberont. Les connaissants récolteront la science qu'ils avaient plantée dans les jardins des connaissances et qu'ils avaient enterrée au sein des trésors des sagesses, et des coffres-forts des compréhensions. Et toi, tu te retrouveras misérable et toujours plein d'interrogations, ou bien encore tu essaieras de voler des morceaux de connaissance sans parvenir nulle part. Notre maître le prophète Jésus, que la paix soit sur lui, interrogea ses compagnons : « *Où pousse la graine ?* » Ils répondirent : « *Sous terre.* » Il leur dit : « *Il en est de même pour la sagesse, elle ne pousse que dans le cœur, tout comme la graine ne pousse que sous terre.* »

Un connaissant a dit : « *Chaque fois que tu enterres ton ego profondément sous terre, ton cœur monte haut dans le ciel.* » Le Prophète de Dieu ﷺ a dit : « *Il se peut qu'un homme soit hirsute et poussiéreux, habillé misérablement avec des guenilles, et que les gens ne lui prêtent pas un regard. Mais s'il prononce un vœu, Dieu le lui exauce.* »[9]

Une fois, l'envoyé de Dieu ﷺ était assis avec Al Aqra' bin Habis, un des grands de la tribu Bani Tamim, lorsqu'un homme musulman et pauvre passa. « *Le Prophète ﷺ demanda à Al Aqra' : "Que dis-tu de cet homme ?" Il répondit : "Il fait partie des pauvres parmi les musulmans, il*

---

[9] D'après un hadith rapporté par Anas, il existe une autre version compilée par Mouslim.

est certain que s'il fait une demande en mariage, on la lui refusera, s'il demande l'autorisation pour quoi que ce soit, on ne la lui donnera pas, s'il devait parler personne ne l'écouterait." Puis quelqu'un d'aisé passa. Alors le Prophète ﷺ dit : "que dis-tu de cet homme ?" Il répondit : "c'est certain que s'il fait une demande de mariage, on la lui accepte, s'il demande la permission pour quelque chose, on la lui donne et s'il parle on l'écoute." Puis le Prophète ﷺ , dit en désignant le pauvre : " celui-ci est meilleur que tout ce que la terre peut contenir, et il est meilleur que celui-ci en désignant le riche." »[10]

De nombreuses traditions (hadith) font l'éloge de la discrétion et du fait de vivre à l'abri des regards, car une telle vie contient beaucoup de bienfait et de vertus. Si une telle vie n'était source que de repos et de légèreté pour le cœur, ce serait déjà bien amplement suffisant.

Al Hadrami[11] a chanté les vers suivants :

Vis caché à l'abri de l'évocation des gens et sois-en satisfait.
Ainsi ta religion et ta part de ce bas monde seront saines et
*   sauves.*
Tel n'est pas le cas de celui qui fréquente les gens.
Il ne cesse d'aller et venir entre action et inaction.

Certains sages ont dit : « *Vivre une vie effacée et discrète est une bénédiction, mais cela révulse l'ego. L'exposition est une calamité que l'ego désire.* » Un autre connaissant a dit : « *Notre Voie spirituelle ne convient qu'aux gens qui balayent les ordures avec leur âme. Je dis qu'il est obligatoire pour ceux qui sont éprouvés par le pouvoir et le prestige d'œuvrer à détruire le prestige que l'on pourrait avoir auprès des gens. On peut même accomplir des choses déconseillées avec pour objectif la guérison de l'ego, tant qu'il ne s'agit pas de quelque chose d'illicite (haram). On peut, par exemple, mendier dans les boutiques ou dans les maisons, manger dans le marché devant tout le monde, et y dormir. Proposer aux gens de les désaltérer avec une eau que l'on tire d'une outre en cuir en échange d'une pièce,*

---

[10] D'après un hadith rapporté par Sahl ibn Saad compilé par Al Boukhari
[11] Compagnon du Prophète ﷺ

*porter des détritus sur la tête en prenant soin de les garder, marcher pieds
nus, se faire passer pour quelqu'un d'avare. S'habiller avec de vieux vêtements rapiécés, porter un gros chapelet autour du cou et toute autre chose
qui pourrait peser sur l'ego tant que ce n'est pas illicite.* »

Le maître Zarrouq a dit : « *Tout comme il ne convient pas d'enterrer
des graines dans une mauvaise terre, il n'est pas autorisé de s'enterrer dans
une terre qui n'est pas agréée, même dans le but d'échapper au regard des
gens et à leur considération. Cependant, on ne peut pas comparer la perte
du rang social aux affres de la mort. En effet, quand la perte de la vie entraîne l'arrêt de toute bonne œuvre obligatoire et surérogatoire, se hâter à
abréger la vie d'ici-bas alors qu'il y a la possibilité de la préserver est interdit à l'unanimité, et en conformité avec les dire du Très-Haut :* "et ne
vous jetez pas dans la destruction par vos propres mains." *(Coran, 2:195)
À l'inverse, la perte du prestige du rang social et la vie dans l'effacement et
la discrétion n'aboutissent pas aux mêmes conséquences que de mettre fin
à sa vie tout court. Cela mène plutôt à la perfection, tant que l'on reste dans
le cadre des choses autorisées.* » D'autres ont dit : « si Dieu a autorisé la
perte du prestige et une vie très discrète pour alimenter la vie d'ici-bas,
qu'en est-il alors pour la vie de l'au-delà ? Cette nourriture est ce qui ali-
mente la vie d'ici-bas et celle de l'au-delà est la Connaissance. C'est cette
Connaissance qui doit être le but. » L'histoire du voleur dans les bains
publics est là pour en témoigner. Et Dieu est le plus savant.

J'ai entendu le maître de notre maître dire : « *le disciple (faqir) sincère
peut tuer son ego le plus simplement du monde en usant de choses autorisées
insignifiantes alors que le faux disciple tombe dans l'illicite sans tuer son
ego.* » Il mettait très souvent en garde contre les états ténébreux. Nous
avons dans le licite ce qui nous dispense du détestable et de l'illicite. Mendier est détestable, voire interdit, s'il s'agit d'alimenter son corps alors
qu'on a de quoi subvenir à ses besoins. S'il s'agit d'alimenter son âme,
alors ce n'est pas illicite. Al Qastalani [12] en a parlé dans son commentaire
du recueil de ahadith d'Al Boukhari. Selon Ibn Arabi, ceci est même né-

---

[12] Savant d'origine Egyptienne maître du hadith, des lectures du Coran de la jurisprudence de l'école Malékite. Connu aussi pour son exégèse du coran

cessaire pour le disciple à ses débuts. Il en a parlé dans d'autres ouvrages, et si Dieu le veut, nous utiliserons aussi ses paroles qui expliquent les dires suivants : « *ne tends pas tes mains pour prendre aux créatures.* »

Nuire à sa propre réputation, dans le but de perdre son rang social, comme je l'ai évoqué précédemment, peut aussi entraîner la célébrité. « *La vie dans l'effacement et dans la discrétion* » signifie être invisible aux yeux des gens, et cela donne encore plus d'éclat auprès de Dieu et des saints. Je dis que la vie dans l'effacement et dans la discrétion signifie perdre toute l'estime des gens et leur cacher le secret de la sainteté ou tout autre indice laissant imaginer un rang de saint. Il s'agit même de nier cette charge quand on nous l'attribue. Ce mode de vie peut donner lieu à une certaine exposition. C'est pour cela que notre maître dit : « *Notre voie, c'est l'exposition dans l'effacement et l'effacement dans l'exposition.* »

An Najibi[13] a dit dans Al Inala[14] : « *les soufis disent que le port des vêtements rapiécés amène la renommée.* » On lui répondra que Salman Al Fârisi[15] voyagea à pied afin de rendre visite à Abou Darda[16], de l'Irak à la région de Sham[17]. Il portait un vêtement épais et rapiécé et on lui dit : « *tu t'es attiré la renommée.* » Il répondit alors : « *le bien est celui de l'au-delà. Quant à moi, je ne suis qu'un esclave et je m'habille comme tel. Lorsque je serai affranchi, je m'habillerai avec des vêtements d'apparat et je ne me soucierais pas de ce que l'on en dira.* »

L'histoire d'Al Ghazali[18] va également dans ce sens. Il portait des peaux de bœuf sur son dos et passait le balai dans le marché, en dis-

---

[13] Savant de la langue arabe et soufi d'origine andalouse ayant vécu au 13ᵉ siècle en Andalousie et mort de la peste.

[14] Ouvrage d'authentification et explicatif résumant un écrit du maître spirituel Shushtari décrivant les états spirituels que vivent les disciples.

[15] Compagnon du Prophète ﷺ.

[16] Autre compagnon du Prophète ﷺ

[17] Région de la Syrie, Palestine, Liban.

[18] Maître soufi d'origine persane du 11ᵉ siècle ayant vécu en Irak, il est une des figures de proue du Soufisme, et un des revivificateurs. Connu pour son célèbre ouvrage, qui est une référence : la revivification des sciences de la religion. Il fut aussi un grand théologien, philosophe et juriste de l'école Chaféite.

tribuant de l'eau avec une outre en cuir quand il rencontra son maître Al Kharaz. Voilà ce que j'ai entendu de mon maître spirituel à plusieurs reprises.

Regarde ce qu'il s'est passé entre Abou Bakr Ibn Arabi[19] et Al Ghazali. Cette histoire est l'illustration de la sagesse qui suit : « *Il se peut que Dieu ait rallongé une vie, mais qu'Il lui ait réduit Son Soutien.* »

Il y a aussi l'histoire de Shushtari [20] et de son maître Ibn Saba'in[21]. Shushtari était ministre et savant, et son père était un Émir. Lorsqu'il voulut s'engager dans la Voie des gens du soufisme, le maître lui dit : « *Tu n'obtiendras aucune grâce tant que tu ne vendras pas les biens dont tu profites, que tu ne t'habilleras pas d'un vêtement de laine et que tu n'entreras pas ainsi au marché en jouant du tambourin en disant : "Je commence par l'évocation du Bien-aimé."* » Il fit cela durant trois jours et le voile se déchira. Il se mit alors à chanter dans les marchés au sujet des sciences et des saveurs spirituelles. Parmi ses paroles il y avait :

> *Un petit vieux de Meknès*
> *Chante en plein milieu des marchés.*
> *Qu'en ai-je à faire des gens*
> *Et qu'en ont-ils à faire de moi ?*

Il dit aussi :

> *Qui est qui, où se trouve la frontière ?*
> *Comprenez celui qui parle par paraboles*
> *Regardez la personne âgée*
> *La canne et la sacoche de toile*

---

[19] Jurisconsulte Malikite du 12ᵉ siècle d'origine Andalouse mort à Fès. Il fut aussi un théologien de l'école dogmatique Asharite.

[20] Poète et soufi andalous du 13ᵉ siècle connu pour ses poèmes chantés dans les cercles soufis, il fut aussi un savant dans la droit musulman, les fondements du droit et un spécialiste du Coran et du hadith.

[21] Grand maître soufi andalous du 13ᵉ siècle mort à la Mecque, connu pour ses « Réponses aux questions du Roi de Sicile et du Saint-Empire Germanique », l'empereur Frédéric II du Saint-Empire de Hohenstaufen. Il fut le Maitre de Shushtari

C'est ainsi que j'ai vécu à Fès
En examinant la façon dont je demandais des comptes à mon
   âme.
L'humiliation m'a été rendue facile
Qu'en ai-je à faire des gens
Et qu'en ont-ils à faire de moi ?
Comme ces paroles sont douces
Quand il erre dans les marchés
Tu vois les propriétaires des boutiques
Tourner autour, par petits groupes
Et lui, avec sa sacoche autour du cou
Sa petite canne et sa cruche
Un maître qui construit sa vie sur la base
De la Volonté de Dieu.

Il y a une histoire similaire à propos d'un homme qui vécut auprès d'Abou Yazid Al Bistâmi[22]. Il resta à ses côtés pendant trente ans, sans jamais ni le quitter, ni manquer une seule de ses réunions spirituelles.

Un jour, cet homme lui dit : « *Ô, maître, cela fait trente ans que je jeûne la journée et que je passe mes nuits en prière. J'ai délaissé mes appétits physiques et mondains, je ne trouve plus du tout dans mon cœur les maladies que tu évoques. J'atteste de la véracité de tes paroles.* » Abou Yazid lui répondit : « *Même si tu priais pendant trois cents ans, tu resterais tel que je te vois maintenant et n'obtiendrais pas même un atome.* »

« *Pourquoi maître ?* » demanda-t-il.

« *Parce que tu es voilé par ton ego.* » répondit-il.

« *Existe-t-il un remède afin que je puisse retirer ce voile ?* »

« *Oui* », répondit Abou Yazid, « *mais tu ne l'accepteras pas et tu n'agiras pas comme je te le préconiserai.* »

---

[22] Grand saint soufi perse du 9e siècle connu pour être un grand extatique. Ces poèmes sont célèbres pour traduire l'état extatique et l'ivresse qu'il connaissait ainsi que le rapport à Dieu qu'il avait dans cet état.

Il dit : « *J'accepterai et j'agirai en considération.* »

Abou Yazid lui dit alors : « *Va chez le coiffeur de ce pas, rase tes cheveux et ta barbe, enlève ces vêtements et met une cape ainsi qu'un sac en bandoulière autour du cou. Ensuite, remplis-le de noix et réunis des enfants autour de toi, puis d'une voix forte dis : "Eh les enfants, celui qui parmi vous me donnera une gifle, je lui donnerai une noix." Rentre ainsi au marché où les gens te respectent le plus, et te tiennent en haute considération, jusqu'à ce que tous ceux qui te connaissent te voient.* »

Il lui répondit : « *Gloire à Dieu (SoubhanaAllah) ! Abou Yazid, tu dis ça à quelqu'un comme moi et tu penses vraiment que je vais le faire ?* »

Abou Yazid rétorqua : « *Ta glorification par "Gloire à Dieu" (SoubhanaAllah) est de la mécréance.* »

Il lui dit : « *Comment ça ?* »

Le maître lui répondit : « *Car c'est ton ego que tu tiens en haute considération et c'est lui que tu as glorifié.* »

Le disciple dit alors : « *Abou Yazid, je ne peux pas le faire et je ne le ferai pas. Montre-moi quelque chose d'autre que je pourrai faire.* »

Abou Yazid lui dit : « *N'y compte pas, commence déjà par faire cela avant toute chose. Fais-le jusqu'à ce que tu perdes ton rang social, et alors je te monterai ce qui te convient.* »

Il lui dit alors : « *Je ne peux pas faire cela.* »

Le saint lui répondit : « *Tu avais pourtant dit que tu allais accepter et t'exécuter. Je sais que ce qu'une personne convoite, en ce qui concerne les secrets, et qui est voilé aux autres gens du commun, ne peut être obtenu que si la personne tue son ego et si elle rompt avec les habitudes qui ressemblent à celles de tout le monde. Elle sortira alors de l'ordinaire et elle obtiendra les privilèges d'une telle attitude.* »

On peut aussi citer l'histoire d'Abi' Imran Al Barda'i et de son maître Abi Abd Allah Tawdi[23] à Fès. Il fit tout ce que son maître lui avait demandé : il se rasa la tête, se vêtit d'une djellaba et pris un bout de pain en l'interpellant « mais qui va te sauver ? » On peut aussi citer l'histoire de Sidi Abd Rahman Al Majdhoub qui mangeait de la paille sous des arbres en face des gens et qui chantait dans les marchés. Il brisa sa propre réputation dans la ville d'Al Qasr, on l'y a même vu faire à plusieurs reprises la circumambulation. On peut aussi noter Sidi Ali qui cassa son ego en ruinant son rang social à Fès. Cette histoire est connue, tel le soleil dans l'univers. Il vécut par la suite dans la ville de Slifet jusqu'à sa mort. Notre maître Moulay Al Arbi vécut des choses similaires : il portait lui aussi un sac autour du cou et faisait boire les gens avec une gourde et d'autres choses encore bien connues. Toutes ces histoires nous montrent que le fait de devenir insignifiant, à l'abri des regards, n'est pas tel que les gens du commun le croient. Il ne s'agit pas de rester prostré chez soi ou de fuir dans les montagnes. Au contraire, pour ceux qui se sont réalisés spirituellement c'est une manière de se montrer.

Le fait de passer inaperçu et de tomber bas dans l'estime des gens est comme le dit maître Zarrouq : « *Il s'agit du moment où l'ego se rend compte de ses attributs les plus bas et les plus vils, et qu'il en devient conscient en permanence.* » Par exemple, être rabaissé, humilié, ainsi que tout ce qui lui est pesant. L'objectif dans la réalisation de l'avilissement et l'humiliation est d'arriver à la modestie et de bénéficier de ses fruits. Les fruits de la modestie sont l'action (dans le sentier de Dieu) et une perception parfaite de la Vérité et de la Réalité.

Si tu me dis qu'accomplir ce genre d'actes, ainsi que se montrer dans de tels états, c'est s'exposer aux critiques et inciter à la médisance, je te répondrai que les œuvres qui amènent le blâme sont construites dans un objectif précis avec une intention bien définie. Toute personne qui œuvre afin de tuer son ego, d'arriver à la sincérité, et de guérir son cœur, alors les personnes qui médisent sur eux sont pardonnées et excusées. Sidi Ali a écrit dans son livre : « *Nous excusons ceux qui nous trouvent des*

---

[23] Shaykh marocain soufi de la Voie Shadhilite du 13ᵉ siècle

excuses et nous excusons aussi ceux qui ne nous en trouvent pas. » Dans son livre Al Qawa'id, le maître Zarrouq dit : « *Les jugements délivrés par la jurisprudence s'appliquent de manière générale aux gens du commun, car l'objectif est d'enraciner la religion, d'élever son drapeau, et de la rendre manifeste. Le jugement de ce qui s'applique dans le soufisme est particulier et s'applique à une élite, bien que le soufi ne doive pas rejeter, dénigrer ou ne pas appliquer la jurisprudence externe. Il est d'ailleurs obligatoire que le soufi revienne à la jurisprudence pour les avis religieux, mais non pas pour les réalités spirituelles.* »

Remarque : les remèdes que nous avons évoqués ne sont applicables que lorsque le disciple est malade. Celui qui est complètement guéri et qui s'est totalement éteint est un esclave de Dieu, un serviteur sincère en toutes circonstances, qu'il soit caché ou exposé aux regards. À ce propos, Abou al Abbas Al Moursi a dit : « *Celui qui aime l'exposition en est l'esclave et celui qui aime être caché est l'esclave de l'occultation. Le serviteur de Dieu le sert, qu'il soit caché ou exposé.* »

Chapitre 3

Ce qui est bénéfique pour le cœur

La réflexion et l'isolement nourrissent le cœur.

11. Rien n'est plus bénéfique pour le cœur qu'un isolement le faisant pénétrer dans le domaine de la méditation.

Cette méditation peut s'appréhender de deux façons :

– La méditation qui conduit à une foi et une croyance sans faille.

– la méditation qui conduit à l'attestation de Son Existence et à la contemplation de Celui vers qui s'oriente le cheminant.

Je dis : rien n'est plus bénéfique pour le cœur qu'une solitude accompagnée d'une méditation, car la solitude est comme la diète et la méditation est comparable au remède. Le remède n'est d'aucune utilité sans la diète et il n'y a aucun bienfait dans la diète sans remède. Il n'y a donc pas de bienfaits si l'on s'isole sans méditer. La méditation a véritablement lieu, et devient réellement saine, que si elle est accomplie dans l'isolement. Ce qui est recherché, par l'isolement, c'est de vider le cœur de tout ce qui n'est pas Dieu. Vider le cœur, c'est l'élever spirituellement, le guider vers de hautes aspirations et l'occuper par la méditation. Par la méditation, on recherche la connaissance de Dieu et son enracinement. Cette connaissance de Dieu est le remède qui, une fois installé dans le cœur, est l'image même de son excellente santé.

C'est ce que Dieu a appelé le « cœur sain. » Dieu, le Très-Haut, a dit à propos de la résurrection : « *Le jour où ni les biens ni les enfants ne seront d'aucune utilité sauf pour celui qui vient à Dieu avec un cœur sain.* » (*Coran*, 26:88-89) Certains véridiques ont dit que le cœur est comme l'estomac : si tu y mélanges beaucoup d'aliments, il tombe malade. Seul un régime lui sera bénéfique, et le régime implique de réduire la quantité et la diversité des aliments.

Il en est de même pour le cœur : s'il est submergé par les pensées et influencé par les sens, il tombera malade et pourra même mourir. Seule une diète lui sera bénéfique. Le cœur fuit ainsi ces terres que sont la socialisation et le mélange avec les autres. Si le disciple s'isole des gens et s'adonne à la méditation, alors le remède fera effet et le cœur parviendra à la rectitude. Autrement, il demeurera malade, plein de doutes et de mauvaises pensées, et ce jusqu'à sa rencontre avec Dieu. Que Dieu nous en préserve, Amine !

Al Junayd[1] a dit :

« Les plus nobles des assemblées sont celles où l'on s'assoit pour méditer sur les vastes domaines de l'Unicité. »

Le maître Abou Hassan Shadhili a dit : « La récompense de l'isolement est d'être auréolé par des dons de grâces. »

Ces dons de grâces sont de quatre sortes :

– le retrait du voile (à Dieu)

– la descente de la miséricorde,

– la réalisation de l'amour,

– la véracité dans les propos.

---

[1] Shaykh soufi d'origine iranienne du 9e siècle mort à Baghdâd surnommé le chef de la tribu des soufis. Il est une des figures de proue, beaucoup de voies spirituelles remontent jusqu'à lui. Il était un très grand maître spirituel

Dieu, le Très-Haut, a dit : « *Lorsqu'il se sépara d'eux et de ce qu'ils adoraient en dehors de Dieu, Nous lui avons dispensé des dons de grâces.* » (*Coran*, 19:49)

Sache qu'il y a dix bienfaits dans la retraite spirituelle :

Le premier bienfait : *la sécurité contre les dégâts provoqués par la langue.*

Celui qui est seul ne trouve personne à qui parler. Le Prophète ﷺ a dit : « *Dieu fait miséricorde à un serviteur qui se tait et qui se soumet, ou qui ne parle que pour imposer le bien.* »[2] Dans la plupart des cas, ce qui est le plus sûr pour se préserver des dégâts des mots est de privilégier la retraite aux rassemblements. Le maître de nos maîtres Sidi Ali a dit : « *Lorsque je vois qu'un disciple privilégie la retraite aux rassemblements, le silence à la parole, et le jeûne à la satiété, je sais qu'il est telle une ruche pleine de miel. Lorsque je vois qu'il préfère se mêler aux gens, parler et être rassasié, alors je sais qu'il est comme une ruche vide.* » Il a dit dans le livre « Al Qout » : « *Dans l'excès de paroles, on retrouve le manque de scrupules, l'absence de crainte envers Dieu, beaucoup de comptes à rendre pour de mauvaises actions ; consignées dans un livre volumineux, ainsi que beaucoup de témoignages à l'encontre de cette personne de la part des anges scribes (ceux qui notent les actions sur le livre). L'excès de paroles conduit à devenir à la fois opprimé et oppresseur, une indifférence ainsi qu'un détournement constant du Noble Roi.* » En effet, la parole est la clé des grands péchés de la langue tels que le mensonge, la médisance, la calomnie, le faux témoignage et les accusations mensongères.

Le Prophète ﷺ nous informe au sujet de la langue en disant : « *La plupart des fautes que commet le fils d'Adam viennent de sa langue. Les hommes qui auront le plus de péchés à leur actif seront pour la majorité ceux qui se mêlaient de ce qui ne les regardait pas.* »

Le second bienfait : *elle préserve la vue des méfaits qu'entraînent les regards déplacés.*

---

[2] Hadith rapporté par Anas et unanimement reconnu authentique

Celui qui est isolé des gens se préserve de leur vision, même si ceux-ci portent sur eux les parures et les fleurs de ce bas monde. Le Très-Haut a dit : « *N'étends pas ton regard vers ce que Nous avons donné comme jouissance temporaire à certains groupes, comme un décor de la vie de ce monde destiné à les éprouver.* » (*Coran,* 20:131)

Par cela, il y a une interdiction pour l'âme de regarder ce bas monde pour l'honorer, et cette interdiction s'applique à ceux qui concurrencent les gens obnubilés par l'acquisition des biens de ce bas monde. Mohamed Ibn Sirin a dit : « Prends garde à ne pas trop porter de regards inutiles, car cela entraîne des appétits incontrôlés. » Certains lettrés ont dit : « L'œil est la cause des catastrophes et des destructions. Celui qui regarde en clignant de l'œil vise la fin de sa vie, et celui qui regarde sans retenue, son cœur connaîtra inéluctablement la séparation de Dieu. »

Le troisième bienfait : *elle préserve et protège le cœur de l'hypocrisie, de l'ostentation, de la flatterie et d'autres maux.*

Certains sages ont dit : « *Celui qui se mélange aux gens les flattera de manière hypocrite et fera naître en eux l'ostentation. Celui qui fait naître en eux l'ostentation vivra la même chose et ira à sa perte, tout comme eux.* »

Un soufi a dit : « *J'ai demandé à un abdal qui s'était coupé de tout pour Dieu : "Quel est le chemin pour arriver à la Réalisation ?" Il m'a répondu : "Ne regarde pas la création, car cela apporte l'obscurité." Je lui ai répondu : "Je n'ai pas d'autre choix que de la regarder." Il dit alors : "N'écoute pas ce qu'ils disent, car leurs paroles sont dures." Je lui répondis encore : "Je ne peux faire autrement que de les écouter." Il me dit : "N'aie pas affaire à eux, car cela n'entraîne que perte, peine profonde et solitude." "Je vis parmi eux, je n'ai d'autre choix que d'avoir affaire à eux." Il me dit "Ne t'en remets pas à eux, car éprouver de la quiétude auprès d'eux te mènera à ta perte." Je répondis : "Je pense peut-être pouvoir faire ce que tu viens de me dire." Il me répondit : "Ô toi, tu regardes ceux qui s'amusent, tu écoutes les paroles des ignorants, tu fais affaire avec les oisifs et tu éprouves de la quiétude auprès des gens voués à leur perte, et tu veux goûter à la douceur de l'obéissance alors que ton cœur est avec un autre que Dieu. C'est impossible, cela ne se produira jamais." Puis il disparut.* »

Al Qushayri[3] a dit : « *Lorsqu'ils veulent protéger leur cœur, les seigneurs de l'effort spirituel les protègent des pensées futiles et des bonnes choses et de ce bas monde.* »

Les exercices spirituels sont essentiellement basés sur ce genre d'efforts.

Le quatrième bienfait : *elle permet d'atteindre l'ascétisme dans ce bas monde et de s'en contenter.*

Il y a en cela un honneur pour le serviteur et une perfection, car il conduit à l'Amour Divin. Comme a dit le Prophète ﷺ : « *Sois un ascète dans ce monde et Dieu t'aimera, soit détaché de ce que les gens possèdent et ils t'aimeront.* »[4] Il n'y a aucun doute sur le fait que s'isoler des gens, et ne pas regarder le dévouement avec lequel ils pourchassent les choses de ce bas monde, met celui qui cherche l'Amour Divin à l'abri de leur fatigue et de leur peine.

Ceci met également à l'abri de mauvaises habitudes et des comportements vicieux. En revanche, ceux qui se mélangent aux gens se trouvent soumis aux mêmes choses qu'eux. On rapporte que le prophète Jésus (Issa), que la paix soit sur lui, a dit : « *Ne vous asseyez pas avec les morts sinon votre cœur meurt.* » Ses compagnons lui demandèrent : « *Qui sont les morts, ô, Esprit de Dieu ?* » Il répondit : « *Ceux qui aiment ce bas monde et qui le convoitent.* »

Le cinquième bienfait : *elle préserve des mauvaises fréquentations et du fait de se mêler aux personnes viles.*

Se mêler à de telles personnes, c'est s'exposer à un très grand danger et à une corruption très grave. D'après certaines traditions prophétiques :

---

[3] Saint soufi du 10ᵉ siècle d'origine iranienne. C'est aussi un savant et théologien qui a écrit un commentaire du coran, et auteur aussi du livre « Rissala Al Qushayria ». Il s'agit d'une épître sur le soufisme rappelant son origine dans la tradition prophétique afin de présenter cette science. Il y traite et interprète la terminologie utilisée par les grands maître spirituel. Ce livre est un classique de la littérature soufie.

[4] D'après un Hadith rapporté par Saad Ibn Saad Saadi (Compilé entre autre par Ibn Majah)

« *S'asseoir en mauvaise compagnie, c'est s'asseoir près d'un feu avec un souf-fflet : même s'il ne te brûle pas avec ses étincelles, tu t'imprègneras quand même de son odeur.* » Sidi Abd Rahman Al Majdhoub a dit : « *S'asseoir avec des personnes qui ne sont pas bonnes t'avilit, même si tu es pur.* » Dieu a dit à David (Daoud) : « *Ô, David, pourquoi je ne te vois pas exilé seul ?* » Il répondit : « *Ô Mon Dieu : je suis allé à la rencontre de la création pour Toi* » Dieu lui dit alors : « *Sois donc vigilant et cherche toi des frères. Cependant, chaque frère qui ne t'assiste pas ne le prend pas pour compa-gnon. C'est un ennemi qui durcit ton cœur et qui t'éloigne de Moi. Si tu veux des compagnons, ça doit être des soufis, leur compagnie est un trésor inestimable.* »

Al Jounayd a dit : « *Si Dieu veut du bien à l'un de Ses serviteurs, Il le place parmi les gens du soufisme et lui interdit la compagnie des littéra-listes.* » Un autre a dit : « *Par Dieu, celui qui a réussi n'a réussi que parce qu'il a fréquenté ceux qui ont réussi.* »

Le sixième bienfait : *elle permet de se consacrer totalement à l'adoration, à l'évocation, à l'affermissement dans la piété et la crainte révérencielle.*

Il n'y a aucun doute sur le fait que, si un adorateur est seul, il ne se consacre qu'à l'adoration de son Seigneur. Le cœur et les membres se ras-semblent communément pour effectuer les actes cultuels, car il y a peu de choses qui viennent les distraire de cela. Il est dit dans Al Qout : « *Quant à la retraite spirituelle, elle vide le cœur des créatures, et concentre l'aspi-ration sur le Créateur et sur la crainte révérencielle. La retraite spirituelle renforce aussi la détermination à être ferme et résolu dans la religion.* »

Le septième bienfait : *elle permet de trouver de la douceur dans les actes d'obéissance.*

Ceci est vrai et a été expérimenté. Abou Talib a dit que : « *Le disciple ne devient réellement sincère que lorsqu'il trouve de la douceur dans la re-traite spirituelle, ainsi qu'une force et un dynamisme qu'il ne trouve pas lorsqu'il est en public, et ce, jusqu'à ce qu'il ne trouve plus que compagnie, intimité, et familiarité dans la solitude. Que son âme soit en retraite et que ses meilleures œuvres soient faites en secret.* »

Le huitième bienfait : *elle repose le cœur et le corps.*

En effet, la fréquentation des gens amène inéluctablement la fatigue du cœur, car on accorde beaucoup d'attention et d'importance à leurs affaires. Elle entraîne aussi la fatigue du corps, car on s'attèle à répondre à leurs demandes et à accomplir ce qu'ils veulent. Bien que cela soit récompensé, on manque quelque chose de plus grand et de plus important : amener son cœur en présence du Seigneur.

Le neuvième bienfait : *elle permet de se protéger, ainsi que de protéger sa religion, de l'exposition au mal et aux querelles qu'entraîne assurément la fréquentation des gens.*

L'ego a un penchant qui le fait inexorablement tomber dans des travers lorsqu'il rencontre les gens occupés par ce bas monde. Il essaye même de reléguer ce qui est important au second plan.

Shafi'i[5] a dit :

> *Celui qui veut goûter à ce bas monde,*
> *sache que je l'ai consommé*
> *J'ai connu ses tortures et ses tourments*
> *Je n'y ai vu qu'illusion et fausseté*
> *À l'image d'un mirage qui apparait dans le désert*
> *Ce n'est qu'un cadavre,*
> *Pour lui, impossible d'éviter l'attirance*
> *et la convoitise des chiens*
> *Si tu l'évites, tu vivras sans être inquiété par ses gens*
> *Si tu te fais attirer, ses chiens te happeront*
> *Bienheureuse soit l'âme qui se terre au fond d'une pièce*
> *Fermant les portes et baissant son voile.*

Le dixième bienfait : *elle permet d'enraciner la méditation en tant qu'adoration, et d'enraciner le discernement au travers de la réflexion.*

---

[5] Grand juriste musulman qui fonda l'école de jurisprudence Chaféite né en 767 et mort en 820.

Voici le principal objectif de la retraite spirituelle. Il est dit, dans une tradition prophétique, que : « *Méditer une heure est meilleur que soixante-dix ans d'adoration.* » Le prophète de Dieu Jésus, que la paix soit sur lui, a dit : « *Bienheureux soit celui dont les mots sont l'évocation de Dieu, le silence une méditation et le regard un enseignement.* » Les personnes les plus éduquées et les plus compréhensives sont celles qui rabaissent leur ego et qui agissent en fonction de l'au-delà. Ka'b[6] a dit : « *Celui qui désire l'au-delà et ses honneurs, qu'il médite beaucoup.* » C'était le plus grand acte d'adoration d'Abou Darda[7], et c'est ainsi qu'il est arrivé à la réalité des choses et c'est ce qui lui a permis de distinguer le vrai du faux. Par la méditation, on peut avoir accès aux maux cachés de l'ego ainsi qu'à ses ruses, et l'on devient vigilant face aux illusions de ce bas monde. De cette manière, on arrive à connaître différents pièges qu'on peut ensuite anticiper pour mieux s'en protéger et permet aussi de se purifier.

Al Hassane[8] a dit que : « *La méditation est un miroir qui te montre le bien et le mal que tu fais. Elle te permet aussi de voir la grandeur et la Majesté de Dieu, si tu réfléchis à Ses versets et à ce qu'Il a façonné. Tu prends également conscience des grâces et des bienfaits apparents et cachés. Tu bénéficies, grâce à cela, d'états spirituels élevés et lumineux qui font disparaître les maladies du cœur et qui ouvrent les portes de la droiture.* » Le maître Ibn Abbad[9] a dit : « *Voici les fruits de l'isolement des gens du commencement. En ce qui concerne les gens de la fin du cheminement, ils sont toujours accompagnés par la solitude, même s'ils sont au milieu des créatures, car ils sont forts spirituellement et sont préservés de la séparation par les voiles de l'union. Ils sont préservés par les subtilités et les significations profondes de la séparation que peut provoquer le monde physique et matériel. Pour eux, se mélanger aux autres ou être en retraite spirituelle est équivalent, car ils prennent leur part dans chacune des situations, et rien n'amoindrit leur part.* » C'est en ce sens que le maître de nos maîtres Al

---

[6] Compagnon du Prophète ﷺ
[7] Autre compagnon du Prophète ﷺ
[8] Petit-fils du Prophète ﷺ
[9] Ibn Abbad Rundi théologien et soufi andalous du 14ᵉ siècle.

M'ajdhoub a dit : « *Les créatures sont des fleurs dans lesquelles j'ai butiné. Ce sont aussi de grands voiles, mais par eux se trouve l'accès.* »

C'est pourquoi le maître parle, dans la sagesse suivante, au sujet de l'illumination du cœur et du polissage de son miroir :

12. Comment un cœur pourrait-il recevoir l'illumination alors que les images des créatures se reflètent dans son miroir ?

Comment pourrait-il aller à Dieu alors qu'il est enchaîné par ses passions ? Comment pourrait-il espérer entrer dans la Présence Divine alors qu'il ne se nettoie pas de l'impureté majeure qu'est l'inattention envers Dieu ? Comment pourrait-il espérer comprendre les subtilités des secrets alors qu'il ne s'est pas repenti de ses manquements ?

Je dis : Dieu a fait du cœur de l'homme un miroir poli qui grave et reflète tout ce qui est devant lui. Ce miroir ne peut être orienté que dans une seule direction. Si Dieu veut apporter Son soutien à Son serviteur, Il fait en sorte que sa nature primordiale (*fitra*) soit occupée par les lumières du Royaume des Mystères et les secrets du Royaume de la Majesté, alors son cœur ne s'attache plus aux choses ténébreuses et aux pensées illusoires. Ainsi, les lumières de la foi et de l'excellence se gravent dans le miroir du cœur où les lunes de l'Unicité ainsi que les soleils des connaissances se reflètent. Shushtari y fit allusion dans certains de ses vers clamés dans un langage populaire :

> *D'un clignement d'œil, tu verras*
> *Tes informations divulguées.*
> *Annihile-toi aux gens*
> *Tes secrets t'apparaîtront.*
> *Et avec, polis ton miroir.*
> *L'obscurité qui est en toi sera dissipée.*

Il dit ensuite :

Un astre gravite autour de ton cœur.
Il le fait briller et l'illumine.
Des soleils et des lunes
En toi se lève et se couchent.

Polir le miroir de ton cœur implique d'enlever tout reniement de la Vérité. C'est alors que tu Le connaîtras en toute chose. Ton cœur deviendra un pôle pour les astres de la lumière, les lunes de l'Unicité et les soleils des connaissances y feront leur apparition. Si Dieu, par Sa Justice et Sa Sagesse, veut mener Son serviteur à sa perte, Il occupe son esprit par l'univers ténébreux et les appétits charnels, et les grave dans le miroir de son cœur.

Les mondes des ténèbres et ses images illusoires voilent le cœur au lever des soleils des connaissances et de l'illumination par les lumières de la foi. Plus les images des choses s'y entassent, plus la lumière s'affaiblit, et plus le voile s'épaissit. Il ne perçoit plus qu'avec ses sens et il ne réfléchit qu'en fonction de ce qu'ils lui disent. Il peut arriver que les lumières s'éteignent totalement et que le voile obstrue complètement le cœur, alors l'individu nie l'existence de toute source de lumière. Il s'agit de la « *station spirituelle de la mécréance* » et Nous recherchons la protection de Dieu contre cela.

Lorsqu'il n'y a que peu de rouille dans le cœur et que le voile est mince, alors le cœur atteste de l'existence de la lumière, mais il ne la contemple pas : c'est la « *station spirituelle du musulman du commun* ». Cet état varie dans la proximité et dans la distance, selon que les preuves soient fortes ou faibles, et en fonction de la certitude (foi), de l'attache au monde ici-bas, et de la capacité à se détacher des entraves, des appétits physiques, des passions, et des pensées illusoires. D'après un récit prophétique, il est dit que « *le cœur rouille comme le fer.* »[10] La foi elle , s'use, s'effile, comme un vêtement neuf qui devient haillons à mesure que le temps passe.

---

[10] Hadith rapporté par Ibn Omar et compilé par Al Bayhaqi

Une autre tradition relate que pour chaque chose, il y a un objet capable de la polir, et ce qui polit les cœurs est l'évocation de Dieu.

Le Prophète ﷺ a dit : « *lorsque le serviteur commet une faute, une tache noire apparaît en son cœur. S'il ne la commet plus, qu'il demande pardon et qu'il se repent, alors son cœur est nettoyé. S'il récidive, la tâche s'agrandit et l'envahit.* »[11] C'est l'envahissement évoqué par Dieu quand il dit : « *Que non ! Mais leurs cœurs ont été endurcis par leurs propres œuvres.* » (*Coran*, 83:14)

Tu sais que ton cœur ne peut prendre qu'une seule direction : s'il rencontre de la lumière, il s'illumine et s'il rencontre des ténèbres il s'obscurcit, et les ténèbres et la lumière ne peuvent jamais s'y réunir. Tu connais alors la direction qui plaît au maître quand il dit : « *comment un cœur peut-il briller avec les lumières de la foi et de l'excellence alors que les images ténébreuses des créatures sont gravées dans le miroir de son cœur ?* » Les opposés ne peuvent s'associer. Le Très-Haut a dit : « *Dieu n'a pas mis deux cœurs au sein d'un même homme.* » (*Coran*, 33:4) Ô, pauvre en Dieu, sache que tu n'as qu'un seul cœur : si tu te tournes vers le Vrai alors tu te détournes de la création, et si tu te tournes vers la création alors tu te détournes du Vrai, tu voyages du monde physique et matériel jusqu'au Royaume des Mystères pour atteindre le domaine de la Majesté. Mais tant que tu restes lié à ce bas monde, par tes appétits terrestres et tes habitudes, il ne te sera pas possible de voyager vers ton Seigneur. C'est ce qu'Ibn Ata Illah a expliqué dans la suite de la sagesse.

Comment pourrait-il aller à Dieu alors qu'il est enchaîné par ses passions ?

Le voyageur est celui qui se lève et se déplace d'un pays à un autre. Il s'agit ici de voyager du domaine de la simple vision de l'univers au royaume de la contemplation de l'Univers. Voyager du domaine physique et matériel au Royaume des Mystères signifie de ne plus s'arrêter uniquement aux causes, mais de voir Celui qui a été à l'origine de ces causes,

---

[11] Hadith rapporté par Abou Hourayra et compilé entre autre selon une version par Tirmidhi

Celui qui les a créées. Il faut voyager du pays de l'oubli et de la négligence jusqu'au pays de l'éveil. Il faut se débarrasser de son ego au profit de Dieu. Il faut voyager du monde des impuretés au monde de la pureté, c'est-à-dire de la vision sensorielle à la contemplation des significations, de l'ignorance à la connaissance, de la science de la certitude à la vision de la certitude, et de la vision de la certitude à la réalité de la certitude, de la vigilance à la contemplation, ou de la station spirituelle des voyageurs, à la station spirituelle de ceux qui sont fermement établi.

Être enchainé, c'est avoir des entraves. Ce qui est désigné par le terme « passions » sont les désirs, les appétits et penchants de l'ego.

J'affirme qu'on ne peut pas voyager en étant enchaîné. Le cœur est enchaîné tant qu'il a des penchants pour des choses éphémères, ou des objectifs voués à disparaître, même si ceux-ci sont autorisés par la Loi (*shari'a*). Le cœur est entravé et enchaîné dans son pays, et il ne voyagera pas dans le Malakout[12] et il ne sera pas illuminé par les lumières du Jabarout[13].

L'attachement du cœur aux passions et aux appétits éphémères entrave son élévation vers Dieu. Si l'élévation se produit, elle est souvent accompagnée d'obstacles et de contraintes qui la freinent et l'empêchent de tendre rapidement vers cette aspiration spirituelle.

Si les pêcheurs ne hâtent pas leur désir de s'élever vers Dieu, l'ego ne trouvera pas la sérénité que contient cet état d'élévation. C'est en cultivant leur désir de Dieu que certains ont fini par abandonner définitivement les grands péchés. Et d'autres vinrent à dire : « *La piqûre du frelon est préférable aux piqûres des passions sur les cœurs orientés vers Dieu.* »

Le maître Zarrouq a dit : « *Voilà ce qui arrive lorsqu'un cœur s'attache à ce bas monde alors qu'il n'a pas encore maîtrisé ses passions. S'il les avait*

---

[12] Domaine de la royauté et des mystères.
[13] Monde de la souveraineté et de la toute-puissance.

maîtrisées, il n'y serait plus attaché. Nous avons présenté la réalité du sou- fisme en disant qu'il s'agit d'être avec Dieu en étant détaché de tout. Notre Maître disait : "Si vous voulez que je vous donne votre part et que je me porte garant pour vous, retenez ceci : n'entre pas dans le monde du Ma- lakout celui qui a dans son cœur un quelconque attachement." Mon frère, coupe tout ce qui pourrait te laisser attaché à un autre que Dieu et fuis le pays des obstacles, alors les lumières des réalités spirituelles se lèveront sur toi. C'est pour cela que le voyage spirituel et l'émigration sont des choses connues et frôlent le statut "d'obligation" pour l'aspirant. Demeurer dans un même endroit ne nous permet pas de nous détacher de nos sens. »

C'est pour cela que certains ont dit : « *Le disciple (faqir) est comme l'eau : s'il stagne dans un même endroit, il s'altère ; s'il circule, il est bon et agréable.* »

Le disciple peut se mouvoir dans le monde des significations en fonc- tion de sa capacité à se mouvoir dans le monde sensible et ce qui traverse le cœur est en fonction de ce qui traverse le corps. L'émigration (*hijra*) est une tradition prophétique. Lorsque le Prophète ﷺ a émigré, il n'a plus trouvé de repos dans les voyages qu'il menait pour le djihad jusqu'à ce que Dieu lui ait ouvert les terres, et il en fut de même pour ses com- pagnons, que l'agrément de Dieu soit sur eux. Peu d'entre eux restèrent installés dans leur pays jusqu'à ce qu'ils aient pu, de leurs propres mains et grâce à Dieu, conquérir l'entière totalité du pays et guidé les autres. Que Dieu nous fasse bénéficier de leur bénédiction (*baraka*), Amine ! Si le cœur migre du pays des passions et s'il se purifie de la saleté et de la négligence, alors il arrive en présence de Son Seigneur et est gratifié de l'attestation de Sa Proximité. C'est pourquoi dans la suite de la sagesse le maître utilise la parabole suivante :

Comment pourrait-il espérer entrer dans la Présence Divine s'il ne se nettoie pas de l'impureté majeure qu'est l'inattention à l'égard de Dieu ?

« *La Présence* » désigne ici l'accès au cœur du Seigneur de l'Univers et cette présence peut-être de trois natures : la présence des cœurs, la présence des âmes et la présence des secrets.

« *La présence des cœurs* » correspond aux cheminants spirituels.

« *La présence des âmes* » correspond aux gens qui sont honorés par Dieu

« *La présence des secrets* » correspond aux gens qui sont fermement enracinés dans la croyance.

D'une autre manière :

« *La présence des cœurs* » est le degré de ceux dont la vigilance vis-à-vis de leur manquement envers Dieu est nécessaire.

« *La présence des âmes* » est le degré de ceux qui vivent dans la contemplation.

« *La présence des secrets* » est le degré de ceux dont le dialogue avec Dieu est permanent.

Le secret ici est lié à l'âme. En effet, tant que l'âme hésite entre la présence et la négligence, son champ d'action sera celui de la présence des cœurs. Lorsqu'elle devient apaisée, son champ d'action sera celui de la présence des âmes. Et lorsqu'elle est purifiée et enracinée dans la connaissance de Dieu, elle se transforme et devient « Secret », qui est l'un des secrets parmi les Secrets de Dieu.

Et Dieu le très haut est le plus savant.

Je dis que la Présence Divine est saine, préservée, et n'y pénètre que les purifiés. Il est interdit au cœur souillé de pénétrer dans la mosquée de la Présence Divine. La grande impureté du cœur est la négligence envers son Seigneur. Le Très-Haut a dit : « *Ô vous les croyants ! N'approchez pas la prière lorsque vous êtes ivres, attendez de savoir ce que vous dites ; ne la faites pas non plus en état d'impureté, jusqu'à ce que vous ayez pris un bain rituel, à moins que vous soyez en voyage.* » (*Coran, 4:43*)

Ainsi, n'approchez ni la prière ni la Sainte-Présence tant que vous êtes enivrés par la contemplation d'un autre que Dieu. Ne l'approchez pas non plus si vous êtes épris d'amour pour ce bas-monde, et ne l'approchez que lorsque vous serez éveillé sobre et conscient de ce que vous prononcez en présence du Roi.

L'« impureté » dans le verset se réfère à celui qui a réuni à la fois la négligence à l'égard de Dieu et la contemplation d'un autre que Lui. Et il demeurera dans cet état jusqu'à sa purification avec l'eau de l'invisible.

Al Hatimi en parle tout comme les chroniques Sha'ranite de la biographie d'Abi Al Mawahib[14] en disant :

Effectue tes ablutions avec l'eau de l'invisible
si tu détiens le secret.
Sinon, fais tes ablutions sèches avec une grosse pierre
ou une terre propre et pure.
Si tu es Imam, avance-toi et accomplis la prière du Dhor
au début de son temps.
Voilà la prière de ceux qui connaissent leur Seigneur.
Si tu es l'un d'entre eux, alors purifie-toi et verse l'eau de mer
sur le sable.

Il faut te purifier de la contemplation de ton égo avec l'eau de l'invisible afin d'accéder à la contemplation de ton Seigneur. Tu te purifies de la vision des choses sensibles et physiques par la contemplation des significations profondes. Cela te purifie de la vision du monde visible avec l'eau de la contemplation du monde invisible. Tu te purifies aussi de la vision d'autre que Dieu par l'eau de la connaissance, et ainsi, tout autre que Dieu disparît à tes yeux. À partir du moment où tu t'es purifié de la vision de tout autre que Dieu, alors tu t'es purifié de tout défaut et altérité.

Shustari l'évoque lorsqu'il dit : « *Purifie ton œil par les larmes qui coulent à cause de la vision de tout autre que Lui et l'on te retirera tes défauts.* »

L'eau de l'invisible descend des mers pures du Jabarout jusque dans les bassins des jardins du Malakout. Elle a été préalablement versée par les nuages de la Miséricorde et poussée par les vents de la Guidance. Cette

---

[14] Grand saint soufi tunisien de la voie Shadhilite

eau arrive ensuite sur les terres des bonnes âmes, puis elle emplit les vallées des cœurs illuminés et les golfs des âmes purifiées. C'est ce que Dieu indique lorsqu'Il dit : « *Il fait descendre l'eau du ciel qui remplit les vallées et déborde avec force. Le torrent emporte une écume flottante.* » (*Coran*, 13:17) Dieu compare la science utile à l'eau qui descend du ciel : la pluie remplit les vallées d'où coulent les ruisseaux, les rivières et les fleuves ; le flux d'eau dépendant des longueurs et des largeurs des vallées, il en est de même pour la science utile. Elle descend du ciel du monde invisible sur la terre du monde visible, et les cœurs servent de lit et de vallée dans lesquels elle coule, selon leurs capacités et leurs dispositions, à l'image de l'eau qui purifie la terre des saletés. Voilà la signification des dires du Très-Haut : « *le torrent emporte une écume flottante.* » (*Coran*, 13:17) C'est-à-dire que l'écume demeure à la surface de l'eau tout comme la science utile. Elle purifie les egos des impuretés, les cœurs de tout autre que Dieu, les âmes des troubles et les secrets des lumières qui sont ternes.

Le poète fait allusion à cette eau quand Il dit : « *Effectue tes ablutions avec l'eau de l'invisible si tu détiens le secret.* » La contemplation est celle de l'unité en niant la multiplicité, ou bien la contemplation de l'immensité par l'immensité. Celui qui ne réalise pas cette réalité ne peut pas se purifier totalement avec l'eau de l'invisible, car cette eau lui fait défaut. Il vaudrait mieux alors qu'il ait recours à l'ablution sèche (*tayamoum*) qui est autorisée pour purifier les faibles et les malades. Voici le sens des paroles : « *n'ont recours à l'ablution sèche avec la terre saine ou une pierre que ceux qui ne peuvent pas faire les ablutions originelles.* » La purification originelle implique d'occulter tout ce qui n'est pas Lui, sinon c'est le cœur qui tombe malade à mesure que la sincérité se perd. Si tu ne peux pas avoir recours à l'ablution normale, alors reviens à la purification secondaire qui est l'adoration externe.

On peut dire, en d'autres termes, que si tu ne peux avoir recours à la purification véritable, qui est la purification interne, alors va vers la purification métaphorique qui est la purification externe. Si tu ne peux pas te purifier comme les rapprochés, alors purifie-toi comme les gens de la droite. Si tu ne peux pas te purifier comme les gens de l'Amour, alors purifie-toi comme les gens de l'effort et du service, ceux que Dieu a établis à Son service et qu'Il a privilégiés par Son Amour. Dieu dit dans le coran : « *Nous accordons abondamment à tous, aux uns comme aux autres, des dons de ton Seigneur. Et les dons de ton Seigneur ne sont pas refusés.* » (*Coran*, 17:20)

La purification des gens de l'amour touche à la réflexion et à la vision. La purification des gens du service se fait par l'endurance et l'effort dans les actes d'adorations visibles, tels que la prière, le jeûne, l'évocation de Dieu, la lecture du coran, l'apprentissage ou d'autres choses de ce genre. Les gens du service font aussi des actes d'adoration non visibles comme la crainte de Dieu, l'espoir en Lui, l'ascèse, la patience, la soumission, la miséricorde, la compassion et d'autres choses qui ne sont pas visibles à l'œil nu. Voici le soufisme des gens de l'externe.

Le soufisme des gens de l'interne implique de s'occulter aux créatures par la contemplation du Créateur, ainsi que de s'occulter à ce qui est vrai par la contemplation du Roi de la vérité. C'est ce que le poète a désigné dans les vers précédents comme étant l'eau de l'invisible. Celui qui n'atteint pas le soufisme des gens de l'interne fait partie des gens qui ont recours à l'ablution sèche. S'il est occupé par les pratiques extérieures, telles que la prière et le jeûne, il est comme celui qui fait ses ablutions avec de la terre pure, car il a encore des traces de ses pratiques visibles comme le serait la terre sur ses membres. S'il s'affaire à des pratiques non visibles, telles que le détachement et le scrupule, il est comme celui qui fait ses ablutions avec une pierre : on ne voit généralement pas les traces de ses pratiques, tout comme on ne voit pas les traces de la pierre sur les membres. Quand Dieu t'a ordonné de t'occulter à tout autre que Lui, Il a craint pour toi le rejet des intermédiaires (les causes), et que la sagesse diparaisse de toi pour laisser place à l'hérésie.

Al Hatimi dit dans son poème : « *Si tu es Imam, avance-toi.* » C'était le Prophète ﷺ qui était désigné par le terme « Imam » ainsi que ceux qui suivirent ses pas en alliant la Loi (*shari'a*) et la Réalité spirituelle (*haqiqa*). Il t'ordonne de suivre la Loi Mouhammadienne lorsque tu es dans un état d'occultation à tout autre que Lui, pour que tu chemines extérieurement et qu'intérieurement tu sois ravi à Lui (*jadhb*). Ton externe est avec la Sagesse et ton interne avec la Puissance. Il est impératif de suivre un Imam parfait et complet, et de cheminer dans la Voie sous ses ordres. Il t'apprendra comment agir avec la Loi et t'indiquera la Réalité spirituelle. Sinon, tu persisteras dans la maladie et feras les ablutions des gens malades pour toujours. Écoute les paroles d'Al Qarafi[15] qui, lorsqu'il tomba sur un maître éducateur, dit :

> *J'ai fait les ablutions sèches avec la terre*
> *durant toute cette époque,*
> *Maintenant je la fais avec l'eau.*

Ainsi, tu ne trouveras l'eau de l'invisible et tu ne pourras l'utiliser que si tu tiens compagnie à ceux qui détiennent cette eau, qui en ont bu, qui s'en sont enivrés, puis qui ont dessoulé, et qui ont cheminé après avoir été ravi. Laisse-les s'emparer des rennes de ton affaire, et remets-toi totalement à eux, après que Dieu t'ait montré leur particularité et leur élection et qu'Il t'ait dévoilé leur secret. Fais témoigner ton âme de sa soumission auprès d'eux, et veille à ce que ton secret les vénère. Place-les devant toi comme si tu étais devant eux, leur seul souhait est que tu atteignes la Présence Divine. C'est ce que fit le Prophète ﷺ . Il appelait les gens à Dieu, ils fuyaient, mais quand ils connurent la vérité, ils l'ont mis en avant et désigné comme Imam. Voilà donc la signification du vers « *si tu es Imam, avance-toi.* »

Quant aux paroles « *accomplis la prière du Dhor au début de son temps* », elles signifient d'amener le Dhor de la Loi (*shari'a*) dans le temps de la Réalité divine (*haqiqa*). Dans d'autres versions rapportées, le vers est le suivant : « *accomplis la prière de l'aube (fajr) au début de son temps* » ce qui indique de revenir à l'existence en Dieu après l'anéantissement en Lui, de revenir au cheminement après le ravissement.

Dans la plupart des cas, le disciple commence par le cheminement puis s'ensuit le ravissement. Reviens à la prière de l'aube par laquelle débute ta journée et prie-la jusqu'à la fin de ta journée. Reviens au cheminement,

---

[15] Savant berbère spécialisé dans les fondements de la jurisprudence malékite durant le 13ᵉ, il est considéré comme le plus grand légiste de son temps.

qui est le début de ton affaire, et fait en sorte que cela soit ton ultime pré-occupation. Voilà le sens des dires : « *pour qu'une fin soit perfection, il faut que le commencement soit la Loi (*shari'a*).* » Les sages disent que la fin du voyage spirituel pour le cheminant est ce par quoi commencent les ravis, et la fin des ravis est le début du voyage pour les cheminants. Ils ont aussi dit : « *un des signes qu'on arrive à la fin du voyage est que l'on retourne au début.* » Nous traiterons de ceci au moment opportun, si Dieu le veut.

Dans le poème, il est dit : « *voilà la prière de ceux qui connaissent leur Seigneur* », car leur purification est la purification originelle, et ils ont prié une prière perpétuelle. Et Dieu parle d'eux quand Il dit « *Ceux qui sont continuellement dans leur prière* » (*Coran*, 70:23).

Chez les gens du commun, la prière est délimitée par les heures, alors que les connaissants sont toujours en prière. Il a été demandé à un d'entre eux « *le cœur prie-t-il ?* » Il répondit : « *Oui, lorsqu'il se prosterne, il ne se relève plus.* »

Shushtari en parle ainsi dans un poème :

> *Prosterne-toi devant le prestige du Majestueux*
> *quand tu es dans Sa proximité.*
> *Et récite les versets du Parfait, les sept répétés*[16]

Le passage cité plus haut des chroniques d'Al Mawahib « *si tu es l'un d'entre eux, alors purifie-toi et verse l'eau de mer sur le sable* » signifie que si tu es parmi les connaissants qui ont atteint le degré de la réalisation spirituelle, alors purifie le sable de la Loi (*shari'a*) en y versant l'eau de mer de ta Réalité Spirituelle (*haqiqa*) jusqu'à l'inonder et la recouvrir. La Loi devient alors la source de la Réalité Spirituelle, et la Réalité Spirituelle devient la source de la Loi, et toutes tes œuvres se font dès lors par Dieu. Et Dieu, le Très-Haut, est le plus savant et le succès vient de Lui. Il n'y a de force et de puissance qu'en Dieu le Très-Haut, le Sublime.

---

[16] Référence à la première sourate « *Celle Qui Ouvre* »(*Al Fâtihah*)

Quand le cœur pénètre, en présence du Saint, dans le lieu de la compagnie intime, il comprend les subtilités des secrets spirituels et il est rempli de don et de lumière. C'est ce dont parle Ibn Ata Illah quand il dit :

Comment pourrait-il espérer comprendre les subtilités des secrets alors qu'il ne s'est pas repenti de ses manquements ?

« *Espérer* » c'est souhaiter quelque chose en faisant ce qui est nécessaire pour l'obtenir, sinon ce n'est qu'un vœu. La « *compréhension* » (*fahm*) signifie obtenir la connaissance de ce que l'on demande. « *Les subtilités des secrets* » sont les mystères de l'Unicité Divine (*tawhid*). Le « *repentir* » [de l'élite] (*tawba*) consiste à remplacer tout attribut blâmable par un attribut louable. Les « *manquements* » désignent les chutes et les erreurs.

Je dis que la compréhension des subtilités des secrets ne peut se faire si l'on persiste à commettre des péchés et la compréhension des mystères des secrets de l'Unicité Divine (*tawhid*) ne peut se faire qu'en ayant un cœur indépendant et exceptionnel. Celui qui ne se repent pas de ses manquements et qui ne se délivre pas des chaînes de ses appétits, il ne peut pas espérer comprendre les mystères de l'Unicité et il ne gouttera pas aux secrets des gens isolés et uniques.

Ahmad bin Abi Al Hawari[17] a dit : « *J'ai entendu mon maître Aba Salman Darani[18] dire : "Si l'âme prend l'habitude de délaisser les péchés, elle accède au Malakout, puis elle revient vers son propriétaire avec de grandes parts de sagesse, que même le savant ne peut obtenir avec sa science."* » Ahmad Ibn Hanbal[19] a dit : « Tu as dit vrai Ahmad bin Abi Al Hawari et ton maître aussi. Je n'ai pas entendu dans l'Islam un récit qui m'a autant plu. Si quelqu'un agit selon une science qu'il a héritée de Dieu, on lui donnera une connaissance qu'il ne soupçonne même pas. » On a demandé à Al

---

[17] Saint soufi irakien ayant vécu en Syrie lors du 3ᵉ siècle de l'hégire.

[18] Imam rapporteur de hadith qui faisait des prodiges et ayant vécu au 3ᵉ siècle de l'hégire.

[19] Fondateur de l'école de jurisprudence Hanbalite, il fut un des plus grands spécialistes du droit musulman du 9ᵉ siècle. Il fut aussi un théologien de l'école asharite et spécialiste du hadith.

Junayd : « *Quelle est la voie pour arriver à la réalisation ?* » Il répondit :
« *Par le repentir qui met fin à la persistance dans le péché, la peur coupe la
procrastination (le fait de toujours remettre les choses à plus tard), l'espoir te
rappelle et te pousse sur les chemins de l'action, et le rabaissement de l'ego
le rapproche de son terme en l'éloignant de l'espoir qu'il puisse triompher.* »
On lui demanda comment arriver à ce stade. Il dit : « *Avec un cœur isolé
totalement dépouillé dans lequel il n'y a que l'Unicité.* » Si le cœur reste
seul avec Dieu et qu'il s'est débarrassé de tout autre que Lui, il comprend
les subtilités de l'Unicité et les mystères qu'on peut exprimer. Ce ne sont
que des allusions et des indications qui sont comprises et divulguées aux
personnes pour qui cela est destiné. Ils sont très peu nombreux. Et pour
celui qui divulgue quelques secrets, son sang est licite et il s'expose à la
mise à mort comme le dit Abou Madyan[20] :

« *Il y a dans le Secret des secrets subtils plein de nuances. Notre sang
coulerait si nous les divulguions haut et fort.* »

Sidi Ahmad Rifa'i[21] a dit :

*J'ai un Bien-Aimé qui m'est très cher et dont je ne parle point,
car j'ai peur de voir ma face exposée au scandale le jour où je
Le rencontrerai.*

---

[20] Abou Madyan surnommé « *Al Ghawth* » (le secours), surnommé aussi « *le maître des
maîtres* ». Il fut un grand maître soufi andalou du 12ᵉ siècle. Il fut la jonction entre les
grands saints de l'Orient et ceux de l'Occident à qui il délivra les enseignements soufis.
Il est à l'origine des principales voies du Maghreb.
[21] Ahmad Rifa'i, fondateur de la voie soufi Rifa'iya. Saint soufi iraquien du 12ᵉ siècle. Il
fut aussi un savant spécialiste du hadith et de la jurisprudence Hanbalite.

CHAPITRE 4

L'APPARITION DU VRAI DANS SA CRÉATION

L'obscurité de l'univers ne brille que grâce à Celui qui a façonné les créatures

13. L'Univers tout entier est obscurité, mais la manifestation du Vrai le fait briller. Celui qui voit l'Univers sans voir Dieu en lui, avant lui ou proche de lui, c'est qu'il manque de lumière. Les soleils de la connaissance lui sont voilés par les nuages de la création.

Je dis : l'Univers, du point de vue de sa création physique, matérielle et de sa manifestation, est obscurité, car il s'agit d'un voile pour celui qui s'arrête à l'apparence, et ce voile l'empêche de contempler Son Seigneur. C'est un nuage qui recouvre le soleil des significations spirituelles pour celui qui s'arrête à l'aspect extérieur des contenants existants de ce bas monde.

Voilà ce à quoi faisait allusion Shushtari quand il dit : « *Ne regarde pas les contenants. Puise plutôt dans la mer des significations, et peut-être Me verras-tu.* » Si l'on tient compte des exemples et des considérations évoqués plus haut, on peut dire que le monde tout entier est obscurité, mais que Dieu S'y manifeste, S'y montre et l'illumine. Celui qui regarde avec ses sens externes ne perçoit de l'Univers qu'un sens obscur, dépourvu de lumière. Celui qui va au-delà de ses sens externes et pénètre l'interne des choses, il verra la lumière du Malakout, le domaine de la Royauté et des Mystères.

Dieu le Très-Haut dit : « *Dieu est la lumière des cieux et de la terre* » (*Coran*, 24:35) ce qui renvoie à la parole du maître lorsqu'il dit : « *l'univers tout entier est obscurité.* » Il s'agit en réalité des voiles que sont les apparences des créatures, gravées dans les miroirs de leurs cœurs. Pour ceux qui détiennent les connaissances, leur vision spirituelle arrive à pénétrer les apparences jusqu'à la contemplation du Vrai. Ils voient l'univers comme étant une lumière qui déborde de la mer du Jabarout, le Royaume de la souveraineté et de la Toute-Puissance. Le Très-Haut a dit : « *regardez ce qu'il y a dans les cieux et la terre* » (*Coran*, 10:101). C'est-à-dire : regardez les lumières qui émanent du Malakout et les secrets du Jabarout. Regardez les secrets des significations qui résident dans les contenants.

Le Prophète ﷺ a dit : « *Dieu s'est voilé aux habitants des cieux tout comme il s'est voilé aux habitants de la terre. Les gens de la haute assemblée cherchent après Lui et Le demandent, tout comme vous Le cherchez et Le demandez. Il ne s'incarne en rien, et rien ne Lui échappe* »[1]. Ces significations sont des saveurs qui ne sont pas perceptibles par l'intellect ni transmises dans les livres. Elles s'acquièrent par la compagnie des gens qui ont goûté à ces saveurs. Soumets-toi et ne critique pas. Si tu n'as pas vu la nouvelle lune, remets-toi aux gens qui l'ont vue de leurs propres yeux. Ibn Ata Illah a ensuite divisé ceux qui témoignent du Vrai en trois catégories : les gens du commun, l'élite, et l'élite de l'élite.

« *Celui qui voit l'univers, mais qui n'atteste pas qu'Il (Dieu) est avant l'univers après l'univers et qu'il (l'univers) Lui appartient ne possède pas de lumières. Les soleils des connaissances lui sont voilés par les nuages des vestiges de la création.* »

---

[1] Hadith non référencé dans les livres authentiques des sunnites, cependant il apparaît dans des livres de hadiths chiites. Nous l'utilisons car le sens et le contenu ne sont pas en contradiction avec la Sounnah, cependant cela ne veut pas dire que leur manière d'authentification des paroles prophétiques est saine

Les Hommes de la station spirituelle du *baqa*(le fait de continuelle-ment demeurer et subsister en Dieu) attestent du Vrai lorsqu'ils leur arrivent de poser le regard sur l'Univers. Ils reconnaissent l'empreinte de Dieu et la lui attribuent, ils n'attestent de rien d'autre que Lui. Grâce à leur perfection, ils savent reconnaître et distinguer l'intermédiaire et la médiation. Ils témoignent directement du Vrai à travers la vision des choses intermédiaires, sans que cela soit dû à un concours de circons-tances, sans que cela soit prématuré ni retardé.

« *Depuis que j'ai connu le Maître, je ne vois rien d'autre que Lui, l'altérité nous est interdite.* »

Ainsi pour nous, tout autre que Lui nous est interdit. Le maître Mou-lay Abd Salem Ibn Machich a dit à Abou Hassan Shadhili : « *Ô, Abou Hassan, concentre-toi sur ta vision spirituelle et tu trouveras Dieu en toute chose, avec toute chose, avant toute chose, après toute chose, au-dessus de toute chose, et au-dessous de toute chose, près de toute chose et englobant toute chose. La Proximité est un de Ses Attributs, et parmi Ses Qualités il y a le fait qu'Il soit Celui qui englobe. Il n'est pas astreint aux circonstances, aux limites, aux lieux, aux directions, à la compagnie et à la proximité du point de vue de la distance, ni à l'influence des créatures. Efface tout par Ses Attributs du Premier, du Dernier, de l'Extérieur, de l'Intérieur. Il est Lui.* »

Dieu était et rien n'était avec Lui, et Il est maintenant comme Il était avant. Un des connaîssants a dit : « *Je n'ai rien vu sans y voir Dieu, mais je ne le vois pas en tant que contingent.* »

Les disciples cheminants spirituellement témoignent de l'Univers, puis ils témoignent de Celui qui l'a façonné ainsi que de Son Empreinte. L'Uni-vers s'efface ensuite à leur vue après qu'ils aient porté leur regard sur Dieu. C'est l'état spirituel des gens ayant des aspirations spirituelles éle-vées, celui des gens qui sont arrivés à la station spirituelle où ils se sont éteints en Dieu. Ils voient Dieu avant même de voir les créatures. Ce n'est pas qu'ils ne voient pas la créature elle-même, ils n'y prêtent plus attention du fait de leur ivresse spirituelle. Ils se sont absentés pour les intermédiaires, annihilés dans la Sagesse, noyés dans la mer des lumières. Les vestiges de ce que Dieu a créé leur sont effacés. Certains d'entre eux, à propos de cette station spirituelle, on dit : « *On ne voit pas une chose sans que l'on ne voit Dieu avant elle.* »

Les gens voilés à Dieu, ceux qui ont besoin de preuves et de démonstrations, ne voient que l'univers et les créatures, et ceci concerne le commun des musulmans faisant partie *des gens de la droite.* La lumière leur manque ou leur fait défaut. Elle ne leur est pas permise. Le soleil des connaissances leur a été voilé par les nuages des vestiges de la création après que le soleil se soit levé et que ses rayons aient brillé. Cependant, le soleil s'accompagne obligatoirement de nuages, tout comme la beauté appelle le voile.

Par Dieu, que Dieu récompense le poète ayant dit :

> *Elle ne s'est voilée qu'en soulevant son voile.*
> *Comme Il est étonnant que ce soient les apparences qui soient*
> *cachées.*

Un autre a dit :

> *Tu t'es manifesté de manière à n'être occulté à personne,*
> *à l'exception de l'aveugle qui n'arrive même pas à voir la lune.*
> *Cependant, Tu t'es intériorisé par les apparences*
> *que Tu as manifestées voilées.*
> *Comment pourrait-on connaître Celui qui s'est dissimulé par*
> *Sa Puissance ?*

Le voilement du Très-Haut, lorsqu' Il se manifeste, est un signe clair te montrant Sa domination.

14. Un des signes de Sa domination, gloire à Lui, est qu'Il te voile à Lui par ce qui n'existe pas.

Comment imaginer que quelque chose puisse Le voiler alors qu'Il a fait apparaître toute chose ? Comment concevoir que quelque chose puisse

Le voiler alors qu'Il s'est rendu visible par toute chose ? Comment penser que quelque chose puisse Le voiler alors qu'Il s'est manifesté en toute chose ? Comment penser que quelque chose puisse Le voiler alors qu'Il s'est manifesté à toute chose ? Est-il concevable que quelque chose puisse Le voiler alors qu'Il était manifesté avant l'existence de toute chose ? Comment concevoir que quelque chose puisse Le voiler alors qu'Il est plus visible que toute chose ? Comment concevoir que quelque chose puisse Le voiler alors qu'Il est le Seul et qu'il n'y a rien avec Lui ? Comment concevoir que quelque chose puisse Le voiler alors que sans Lui rien n'existerait ? N'est-il pas extraordinaire de voir que l'Existant se manifeste à travers le néant ? Comment ce qui est soumis au changement pourrait-il subsister face à Celui qui a pour attribut la prééternité ?

Un des signes de Sa domination, gloire à Lui, c'est qu'Il te voile à Lui par ce qui n'existe pas.

Je dis : parmi les Noms du Très-Haut, il y a le Dominateur et Il a voilé Sa Domination apparente par Sa Manifestation, et Il l'a manifesté dans Son Occultation. Son Occultation se trouve dans Sa Manifestation.

Ce qui te montre aussi Sa Domination, c'est qu'Il se voile sans voile, et qu'Il Se rapproche sans se rapprocher. Il est loin dans Sa Proximité et proche dans Son Éloignement. Il s'est voilé à Ses créatures lorsqu'Il s'est manifesté à elles. Il leur est apparu lorsqu'Il s'est voilé à elles. Il s'est voilé à elles par une chose qui n'existe pas : l'illusion. L'illusion est abstraite et n'a pas d'existence propre. Ce qui Le voile, c'est l'intensité de Sa Manifestation, et ce qui empêche les yeux de Le voir c'est Sa Lumière écrasante.

C'est ainsi qu'a eu lieu la séparation du Vrai avec le reste de l'existence, et rien n'existe en dehors de Dieu. Le Très-Haut dit : « *Toute chose est vouée à sa perte sauf Sa Face* » (*Coran*, 88:77). Le Nom du Créateur est une réalité dans ce cas-là.

Le Très-Haut dit :

« *Il est Le Premier, Le Dernier, L'Apparent et Le Caché et Il a la connaissance de toute chose.* » (*Coran*, 57:3)

« *Où que vous vous tourniez, il y a La Face Dieu. Dieu a une vaste connaissance.* » (*Coran*, 2:115)

« *Et Il est avec vous où que vous soyez, et Dieu voit ce que vous faites.* » (*Coran*, 57:4)

« *Et Nous te disons, certes Dieu cerne tous les gens.* » (*Coran*, 17:60)

« *Ceux qui te prêtent allégeance, prêtent allégeance à Dieu.* » (*Coran*, 48:10)

« *Ce n'est pas toi qui as lancé, c'est plutôt Dieu qui a lancé.* » (*Coran*, 8:17)

Le Prophète ﷺ a dit : « *Véridiques sont les paroles prononcées par le poète Labid : "Toute chose qui est vide de Dieu est inutile."* »[2] Le Prophète ﷺ rapporte que Dieu dit : « *Ô Mon serviteur, je suis tombé malade et tu ne m'as pas rendu visite. Le serviteur répondit : "Ô Seigneur, comment pourrais-je te rendre visite alors que tu es le Maître des Mondes ?" Dieu dit alors : "Tel serviteur est tombé malade et tu ne lui as pas rendu visite ; si tu l'avais visité, tu M'y aurais trouvé." Il dit ensuite : "Ô Mon serviteur, Je t'ai nourri et tu ne M'as pas nourri, Je t'ai donné à boire et tu ne M'as pas donné à boire."* »[3]

Cette parole rapportée montre que les formes et les personnes sont des illusions sans réalité, elles sont semblables aux ombres.

Shushtari a dit :

> *La création est la vôtre, et l'ordre est le vôtre.*
> *Qui aurais-je été si j'étais allé dans l'ombre ?*
> *Le voile n'a pas de place dans votre existence.*
> *Ne regarde la montagne qu'avec les secrets des lettres.*
> *Vous vous montrez à Vous par Vous et pour Vous.*
> *Le fait que Vous soyez Permanent se voit à travers les profonds*
>   *mystères de l'éternité.*
> *La connaissance que l'on a de Vous vient du fait que Vous Vous*
>   *êtes fait connaître de Vous-même.*

---

[2] Rapporté par Abou Hourayra (compilé par Boukhari et Mouslim)
[3] Rapporté par Abou Hourayra (compilé par Mouslim)

Vous êtes celui qui fait vivre les cœurs, le but de ma quête.

Quand Shushtari dit « La création est la vôtre », par « création » il désigne les images des silhouettes. L'ordre signifie le secret des âmes. Les silhouettes et les formes viennent de Sa Justice et de Sa Sagesse, et les âmes sont des secrets qui proviennent de Son Secret. Je n'ai donc pas d'existence à proprement parler. Toute chose que j'aurais pu m'attribuer, je la trouve auprès de Vous et Vous appartenant, elle est une manifestation provenant de Vos manifestations, alors que moi je ne suis qu'une ombre parmi les ombres de Votre existence. Si le voile avait une place dans Votre existence, il aurait été alors plus proche de nous que Vous et ceci est impossible, car Vous dites Vrai quand Vous dites : « *Et nous avons créé l'homme et nous savons ce qui se chuchote à l'intérieur de lui, et Nous sommes plus près de lui que de sa veine jugulaire.* » (*Coran*, 50:16)

Dans le poème de Shushtari, il est dit : « *Ne regarde la montagne qu'avec les secrets des lettres.* » Chacune de ces lettres est unique, distincte et coupe tout autre que Lui. C'est-à-dire qu'il n'y a pas de place pour le voile des sens entre nous et Vous. C'est plutôt le voile de la domination et la parure de la gloire et de la grande dignité qui empêchent les regards de voir les lumières originelles du Jabarout, car si cette lumière apparaissait, les créatures disparaîtraient et elles se consumeraient sous Sa Gloire. C'est le secret qui réside dans l'ordre que Dieu a donné à notre maître Moïse lorsqu'Il lui dit de regarder la montagne. Quand Dieu désira se manifester à lui par un peu de cette lumière, la montagne n'a pas pu se contenir en recevant une chose infime venant de Lui. C'est ainsi qu'Il nous a fait savoir que le faible serviteur n'a pas la force nécessaire dans ce bas monde pour voir l'Unique, le Dominateur, si ce n'est par le biais de la matérialité des créatures, après qu'Il les ait habillées de sens subtils. Voici la signification de ses dires : « *avec les secrets des lettres.* »

Ce que l'on peut dire des paroles du Très-Haut « *Regarde la montagne* » (*Coran*, 77:143) avec les voiles écrasants de la compréhension du secret, ou bien avec le voile qui est revêtu par le secret de la Sagesse et de la Justice dans ce même verset, c'est comme si le Très-Haut avait dit : « *Ô, Moïse, tu ne peux me voir sans qu'il y ait le voile de la Sagesse et de la*

Justice, mais regarde quand même la montagne, si tu en es capable tu Me verras », mais lorsque le Vrai se manifesta par l'intermédiaire du monde sensible, elle fut réduite en poussières et Moïse s'effondra, foudroyé. Et Dieu, le Très-Haut, est le plus savant.

Shushtari en parle aussi de la manière suivante :

> *Celui qui M'a vu a obtenu quelque chose d'extraordinaire.*
> *Je suis l'Aimé et l'Amant, il n'y a point de second.*
> *Ô, toi qui désire puiser à la Source de toute information, Le*
> *« où es-tu ? » la recouvre.*
> *Le vin est de toi, ainsi que toutes les informations et Tu détiens*
> *le secret.*
> *Reviens à ton essence et médite, il n'y a rien d'autre que toi.*

Sa parole « *toi qui désire puiser à la source de toute information* » englobe chaque information détaillée avec Sa réalité. Le « *"où es-tu" la recouvre* » désigne le lieu imaginaire de ton existence. Les paroles « *le vin est de toi* » signifient « *boire le vin de l'amour qui vient de toi.* » Il a aussi été dit à ce sujet : « *c'est de moi et pour moi que tournent les coupes de vin.* » La source de la réalisation est de toi et tu détiens le secret de la seigneurie, car tu es un secret caché. Si tu veux Le connaître alors, reviens à ton essence et tu verras que toute existence est Une, et tu es aussi Un.

Le poète a dit :[4]

> *Cette présence est d'apparence multiple.*
> *Il n'y a que vous qui avez de la place dans votre vie.*

Shushtari a aussi dit :

> *Mon secret a été divulgué sans paroles.*
> *Et il m'est apparu de cette manière.*
> *Tu vois que l'existence d'un autre que Moi est impossible.*

---

[4] Il s'agit de Ibn Al Faridh, grand mystique soufi connu pour ses poèmes sur l'Amour et l'ivresse spirituelle.

Tout à l'exception de Moi est illusion, car je suis le Seul en toute chose.

Je suis l'Aimé et je suis l'Aimant.

L'amour pour Moi et venant de Moi est une chose extraordinaire.

Je suis seul alors comprend mon secret prodigieux.

Celui qui a vu Mon essence M'a vu en tant qu'objet.

Et Je me suis replié dans l'essence.

Mes attributs ne sont jamais dissimulés pour ceux qui regardent.

Et Mon essence est connue sous ces formes.

Annihile-toi à la bienfaisance et tu verras des enseignements.

Je Me suis dissimulé derrière le secret et la signification d'une telle façon.

Que ce soit un voile venant de Moi qui Me recouvre.

Il y a eu un consensus sur ces significations : celui du secret de l'Unicité pour les connaissants, du ressenti et de la compréhension pour ceux qui aiment, chacun finalement en fonction de ce qu'il a goûté et de ce par quoi il a été abreuvé. Que Dieu leur accorde, ainsi qu'à tous les musulmans, la meilleure des récompenses.

Ces expressions ne peuvent être comprises que par les gens des saveurs et des allusions. Celui qui n'a pas atteint la compréhension nécessaire, alors qu'il se soumet et qu'il la laisse à ceux qui en ont les capacités, tout en croyant en sa parfaite transcendance (*tanzih*), et en reniant tout anthropomorphisme (*tachbih*). On ne peut disposer des grâces de telles compréhensions qu'en fréquentant les gens des saveurs.

Le maître a ensuite démontré qu'il est faux d'attribuer un voile en ce qui concerne le Très-Haut par dix faits extraordinaires. Pour chacun, son apparence est accompagnée de son occultation. Ce qui apparaît aux yeux des connaissants, comme étant une apparition manifeste, est une occultation sans commune mesure chez les gens de l'oubli et les ignorants. Il en fait allusion dans sa parole :

Comment s'imaginer que quelque chose puisse Le voiler alors qu'Il a fait apparaître toute chose ?

L'extérieur est l'intérieur. Ce qui est occulté dans le monde de l'invisible est apparent dans le monde visible. Des bassins du Jabarout débordent des lumières du monde du Malakout.

> *Regarde Ma beauté, en chaque personne sois-en témoin.*
> *L'eau coule et pénètre dans les racines au plus profond des*
> *branches.*
> *Une même eau donne des fleurs de différentes couleurs.*

C'est extraordinaire. Comment pourrait-on connaître par les connaissances spirituelles Celui-là même par qui j'ai connu les connaissances spirituelles ? Comme il est étonnant, celui qui veut attester de Ta présence, alors que Tu es Celui qui a fait attester et témoigner chaque personne de ton Unicité !

Le second fait que le maître évoque est celui-ci :

Comment concevoir que quelque chose puisse Le voiler alors qu'Il s'est rendu visible par toute chose ?

Il se manifeste par toute chose, il n'y a aucune existence en dehors de Son Existence, alors comment quelque chose pourrait-il Le voiler ? Et Il n'attend rien de qui que ce soit.

L'auteur d'Al Ayniyaa a dit :

> *Tu t'es manifesté dans les objets et dans les choses dès lors que*
> *Tu les as créés,*
> *Et voilà qu'elles se retirent de Toi en revêtant des voiles.*

Le sage Ibn Ata Illah évoque le troisième fait qui est :

Comment penser que quelque chose puisse Le voiler alors qu'Il s'est manifesté en toute chose ?

Il l'a fait par Sa Puissance et avec Sa Sagesse. La Puissance est invisible et la Sagesse est apparente. L'existence tout entière oscille entre la Puissance et la Sagesse, l'union et la séparation. Nous avons déjà évoqué ces paroles précédemment : « *Je n'ai jamais vu quelque chose sans y voir Dieu* », c'est-à-dire sans y voir Sa Puissance et Sa Sagesse. Si les lumières des attributs n'avaient pas été apparentes, nous n'aurions pas pu connaître l'Essence. Sans les sens, nous n'aurions pas pu saisir les significations spirituelles. Et s'il n'y avait pas de sujets denses, nous n'aurions pas pu comprendre les subtilités.

Shushtari a dit :

Mon Bien-Aimé embrasse l'existence
Et Il est apparu au blanc et au noir
Dans les chrétiens et dans les juifs
Dans les porcs et dans les singes
Dans les lettres tout comme dans les points.
Comprends-moi donc, comprends-moi donc.

Puis il dit :

Je l'ai connu tout au long du temps
Il s'est manifesté à moi de toutes les couleurs.
Ainsi que dans les eaux et dans les sceaux.
Dans l'ascension et dans le déclin.
Comprends-moi donc, comprends-moi donc.

Le sage Ibn'Ajiba relate ensuite un quatrième fait en disant :

Comment penser que quelque chose puisse Le voiler alors qu'Il s'est manifesté à toute chose ?

Il se manifeste à toute chose par le secret de Son Essence, et les lumières de Ses Attributs. Quand Il S'est manifesté à toute chose et que toute chose l'a connu dans son interne, puis une fois que toute chose L'a glorifié et L'a loué, rien n'a pu Le voiler. Le Très-Haut a dit « *Et il n'existe rien qui ne célèbre Sa Gloire et Ses Louanges.* » (*Coran*, 17:44) Gloire au Manifesté, à toute chose, l'Apparent par toute chose, les connaissants comprennent cette phrase et les inconscients en ignorent la signification.

Le Sage évoque ensuite :

Est-il concevable que quelque chose puisse Le voiler alors qu'il était manifesté avant l'existence de toute chose ?

Tout ce qui est visible vient de Lui et va à Lui, Il était manifesté dans Son éternité, puis Il s'est manifesté à Lui-même, par Lui-même. Il est riche par Son Essence et n'a donc pas besoin d'être visible par le biais d'un autre que Lui, ou d'avoir besoin qu'un autre le connaisse. La création est toute entière rassemblée, et l'altérité est interdite chez nous.

Puis il évoque ensuite la sixième chose :

Comment concevoir que quelque chose puisse Le voiler alors qu'Il est plus visible que toute chose ?

Rien n'a d'existence avec la Sienne, rien n'est apparent en dehors de Lui, ainsi rien n'a d'essence propre par laquelle il devient apparent. Si Dieu n'était pas apparent et manifeste dans les choses, elles ne seraient même pas visibles. Ce qui n'a pas d'existence propre par son essence même, son existence serait impossible si Dieu n'était pas la source de toute existence.

Quand le serviteur est recouvert d'un voile, il a l'illusion que son âme existe et que l'existence de Dieu elle, est théorique. Cependant, s'il apprend à connaître Dieu et qu'il s'annihile en Lui, en réalisant véritablement cet anéantissement, alors l'existence de Dieu lui devient nécessaire et obligatoire et l'existence de son âme théorique et impossible.

Abou Hassan Shadhili a dit : « *Nous contemplons Dieu avec l'œil de la foi et de la certitude, et Il nous a mis à l'abri du besoin d'avoir des preuves et des justifications. Je ne vois rien parmi la création. Y a-t-il une existence en dehors du Roi, le Vrai ? L'existence se fait nécessairement au travers de celle du Roi, elle est comme un grain de poussière dans l'air : si tu la cherches, tu ne trouveras rien du tout.* »

Dans le livre « Lata If Al Minan »[5] il ajoute : « Qu'il est étonnant que les créatures soient reliées à Dieu. J'aurais tant aimé savoir : ont-elles une existence indépendante de la Sienne mais reliée à Lui ? Ou bien sont-elles, en apparence, indépendantes de Lui de sorte qu'Il apparaisse à travers elles ? » Même si les créatures peuvent conduire à Dieu, ce n'est pas de leurs propres faits ou de leur propre essence. C'est Lui qui les a privilégiées en leur attribuant le fait d'être des causes qui conduisent à Lui. De plus, ces causes ne conduisent qu'à une de Ses facettes, celle de la Divinité. Mais c'est Dieu le Sage qui est à l'origine des causes, et elles (les créatures) sont destinées à ceux qui s'y arrêtent.

Ceux qui sont complètement dans le voile ne peuvent appliquer les ordres selon Sa Grandeur. La manifestation du Vrai est plus éclatante que toutes les autres manifestations, car Il est la cause de la manifestation de tout ce qui est apparent. Son occultation vient de Sa manifestation trop éclatante, et Sa manifestation est due à l'intensité de Son occultation. C'est dans ce sens que Rifa'i a dit : « *Ô, Toi qui t'es glorifié à tel point que Tu as pris un sens subtil, nul autre que Toi ne porte le manteau de la gloire et l'orgueil.* »

Enfin Ibn Ata Illah parle d'une septième chose :

Comment concevoir que quelque chose puisse le voiler alors qu'Il est le Seul et qu'il n'y a rien avec Lui ?

Il a réalisé pleinement Son Unité, éternellement et à tout jamais. Dieu était et rien n'était avec Lui, et Il est maintenant comme Il a toujours été. Y a-t-il une autre divinité avec Dieu ? Gloire à Lui, Lui qui est bien au-dessus de ce qu'on Lui associe. Y a-t-il un doute en Dieu ? Tout ce qui est apparent à l'œil est une manifestation du Tout-Miséricordieux.

L'auteur d'Al Ayniyya a dit :

Mon Bien-Aimé a manifesté Sa Beauté dans mon miroir.
Et dans tous les miroirs, il y a des indices nous rappelant le Bien-Aimé.

---

[5] Ouvrage écrit par Ibn'Ajiba

Lorsqu'Il s'est manifesté de différentes manières.
Il a pris plusieurs appellations qui nous Le rappellent.

Dieu, le Vrai, qu'Il soit glorifié, est Un dans Son essence et dans Ses attributs et dans Ses actes, et il n'y a rien avant Lui, après Lui et avec Lui.

Le sage Ibn Ata Illah parle d'un huitième fait :

Comment s'imaginer qu'une chose puisse le voiler alors qu'Il est plus proche de toi que toute chose ?

Le Très-Haut a dit : « *Nous avons effectivement créé l'homme et Nous savons ce que son âme lui suggère et Nous sommes plus près de lui que sa veine jugulaire.* » (*Coran, 50:16*)

Il a dit aussi « *Et si tu élèves la voix, Il connaît certes les secrets, mêmes les plus cachés.* » (*Coran, 20:7*)

La proximité du Très-Haut est une proximité de transcendance, de connaissance englobante et de contemplation. Il ne s'agit pas d'une proximité de distance, car il n'y a pas de distance entre Lui et toi. On trouve des paroles d'anciens qui disent « *Dieu ne s'est incarné en rien et rien ne lui échappe.* » Notre maître Ali[6], que Dieu ennoblisse sa face, a dit : « *Dieu, le Vrai, le Très-Haut n'est pas issu de quelque chose, Il ne se trouve pas dans quelque chose ni au-dessus d'une chose, ni en dessous. Car s'Il avait été issu de quelque chose, alors Il serait créé, s'Il avait été au-dessus d'une chose Il serait porté, soutenu, s'Il avait été dans quelque chose alors Il serait confiné, délimité, contenu, et s'Il avait été en dessous de quelque chose, Il serait dominé.* » Puis on lui demanda : « *Ô, cousin du Prophète de Dieu*🕋 *, où est Dieu et où se situe-t-il ?* » Son visage changea de couleur et il resta silencieux un long moment puis il dit : « *votre question "où est Dieu" se réfère à un lieu alors que Dieu existait alors qu'il n'y avait pas de lieux, puis Il créa le temps et le lieu, et Il est actuellement comme Il a toujours été, c'est-à-dire sans espace et sans temps.* »

---

[6] Gendre et compagnon du Prophète 🕋

Abou Hassan Shadhili a dit : « *On m'a dit : "Ô, Ali, parle par Moi, indique-Moi aux autres. Je suis Tout."* » Dans le recueil Sahih Al Boukhari, il est rapporté une parole du Prophète 羅 dans lequel Dieu, le Très-Haut, dit : « Le fils d'Adam insulte le temps alors que Je suis le temps, la nuit et le jour sont entre Mes mains. » Le Prophète 羅 a dit : « N'insultez pas le temps, car Dieu est le temps. » L'explication de cette parole prophétique se trouve dans l'autre parole rapportée qui le précède. Et Dieu sait mieux.

Le sage Ibn Ata Illah évoque ensuite un neuvième fait :

Comment concevoir que quelque chose puisse Le voiler alors que sans Lui rien n'existerait ?

Dieu le Très-Haut a dit : « *Dieu a créé toute chose dans une mesure proportionnée.* » (*Coran*, 25:2) Il a aussi dit : « *Et nous avons créé chaque chose dans une juste mesure.* » (*Coran*, 54:49) Tout ce qui apparaît dans le monde visible découle du monde invisible, et tout ce qui émane du monde du Malakout déborde de la mer du Jabarout. Les choses ne peuvent exister que par Lui, et elles ne peuvent subsister que par Son biais, sans qu'il n'y ait d'interdépendance (c'est-à-dire qu'on ne peut Lui associer ces choses), car elles sont purement et simplement inexistantes. Leur pseudo-existence n'est qu'illusoire, ce ne sont que des contingences vouées à disparaître et on ne peut affilier le néant au présent, l'éphémère à l'éternel. C'est pour cela que le Sage s'est étonné qu'on les associe.

N'est-il pas extraordinaire de voir que l'Existant se manifeste à travers le néant ? Comment ce qui est soumis au changement pourrait-il subsister face à Celui qui a pour attribut la prééternité ?

Je dis qu'il s'agit du dixième fait : l'être et le néant sont opposés et on ne peut les associer. L'éphémère et l'éternel sont contradictoires et on ne peut les assembler. Il est attesté que l'existence est obligatoire pour Dieu le Vrai, et tout autre que Lui est en réalité néant. Lorsque l'existence apparaît, son contraire, le néant, s'efface. Comment donc concevoir qu'une chose puisse le voiler alors qu'elle appartient au néant ? Dieu Le Vrai ne peut pas être voilé par le faux. Dieu le Très-Haut dit : « *Tel est Dieu, votre vrai Seigneur. Au-delà de la vérité, qu'y a-t-il donc sinon l'égarement ? Comment alors pouvez-vous, vous détourner ?* » (*Coran*, 10:32)

Rien n'existe avec son existence, et cela réfute les paroles de ceux qui proclament l'incarnation et le panthéisme. En effet, l'incarnation implique le fait qu'il existe un autre que Lui afin que Sa Seigneurie puisse s'y incarner. Obligatoirement, tout autre que Lui est purement et simplement inexistant, l'incarnation ne peut donc se concevoir. C'est ce qui est dit dans Al Ayniyya.

Il est transcendant au jugement de l'incarnation.

Hormis Lui, il n'y a rien d'autre, et tous les faits nous ramènent à Son Unicité. L'éphémère et l'éternel ne se réunissent pas, lorsque l'éphémère joint l'éternel, l'éphémère disparaît et seul l'éternel demeure. Un homme a dit, lorsqu'il était sous l'égide de Junayd : « *Louange à Dieu* » sans qu'il rajoute « *le Seigneur des mondes* ». Al Junayd lui ordonna : « *complète ta phrase, mon frère.* » L'homme lui répondit : « *Quelle est la valeur de ces mondes pour qu'ils soient mentionnés avec Lui ?* » Junayd lui dit alors : « *Ô, mon frère lorsque l'éphémère rencontre l'éternel, l'éphémère disparaît et l'éternel subsiste.* » Il est établi que toutes les choses sont dans le néant, car le temporel ne peut persister face à Celui qui a pour attribut l'éternité. C'est ainsi que les idées de l'incarnation et du panthéisme sont réfutées, puisque le panthéisme implique que l'éternel et le temporel se joignent pour ne plus faire qu'un. Ceci est impossible, car cette idée se base sur le fait qu'il y ait l'existence de Dieu et celle d'un autre que Dieu. Ils confondent donc l'Unicité totale et complète en la prenant pour du panthéisme.

Ibn Al Farid[7] dit :

« *Mon âme a erré, inconsciente, ivre d'amour, jusqu'à ce qu'elle se fonde dans l'Unicité absolue qui est libre alors de transpercer le corps.* »

---

[7] Saint et poète soufi égyptien du 13ᵉ siècle connu pour ses poèmes extatiques ou il exprimait son état d'extase spirituelle par la métaphore de l'ivresse. Ces poèmes sont chantés jusqu'à nos jours partout dans le monde.

L'Unicité complète et absolue intervient lorsque l'âme revient à sa source originelle après qu'elle ait été purifiée. C'est pour cela Ibn Al Farid a dit : « *qui est libre de transpercer le corps.* » Dieu, Loué Soit-Il, est Un dans Son royaume, intemporel, et éternel, c'est-à-dire qu'Il a toujours été et sera toujours. Il transcende l'idée d'incarnation et d'union. Elles ne s'appliquent pas à Lui. Il est trop pur et saint pour avoir des associés ou des pairs. Il était alors qu'il n'y avait pas d'endroit ni de lieu, et Il est maintenant comme il a toujours été.

Parmi les paroles qu'on attribue à notre maître Ali, que Dieu ennoblisse sa face, il y a :

Je vis mon Seigneur avec l'œil de mon cœur, et dit alors :
« aucun doute, Tu es bien Toi ».
Tu es Celui qui embrasse tout lieu.
Du fait qu'il n'y a pas d'endroit, mais seulement Toi.
Pour Toi, il n'y a point de « où »
Pour qu'un « où » puisse Te localiser.
L'illusion ne peut Te toucher.
Pour qu'elle puisse savoir comment Tu es.
Ta Science embrasse toute chose.
Et Tu es la seule chose que je vois.
Dans mon extinction, mon annihilation s'est éteinte.
Et dans mon extinction, c'est Toi que je trouve.

Al Qadi (juge) Ali ibn Thawr interrogea Abou Al Hassan Nouri[8] : « *Où est Dieu par rapport à Ses créatures ?* » Il répondit : « *Dieu était sans qu'il n'y ait d'endroits, alors que les créatures étaient dans le néant, Il était là où Il est à présent, c'est-à-dire sans "où" et sans "endroit"* ».

Al Qadi Ali Ibn Thawr, qui interrogea aussi le sage Nouri à propos d'un livre intitulé « *l'histoire de l'épreuve infligée aux soufis* » : « *Quels sont ces lieux où résident les créatures et tout ce qui est apparent ?* » Il répondit : « *La Puissance est manifeste et le Royaume est impérial, c'est par*

---

[8] Saint soufi du 9ᵉ siècle d'origine perse ayant grandi et vécu à Baghdad. Surnommé « *Nouri* » (lumière) du fait que lorsqu'il parlait de la lumière émanait de lui.

Lui que les créatures sont manifestes et c'est de Lui qu'elles proviennent, mais elles ne sont pas liées à Lui et elles ne sont pas séparées de Lui. Il est indépendant de toute chose, mais toutes choses dépendent de Lui, car elles ont besoin de Lui. » Il lui dit alors : « *Tu as dit vrai, informe-moi maintenant sur ce que Dieu a voulu par leur création.* » Il dit : « *L'extérieur c'est Sa Puissance, Son royaume et Son pouvoir.* » Il lui répondit : « *Tu dis vrai, maintenant informes moi sur ce qu'Il attend de Ses créatures.* » Il lui répondit alors : « *Il attend d'elles d'être telles qu'elles sont. Par exemple, il attend d'un mécréant son incrédulité.* » Il rajouta : « *crois-tu qu'il mécroirait en Lui s'il avait détesté qu'il en soit ainsi ?* » Puis, il lui demanda quelle est la volonté de Dieu par la diversité, les différents groupes et leur séparation. Il répondit : « *Dieu veut faire part de Sa Puissance, montrer Sa Justice, manifester Sa Bonté et Sa Douceur, et faire apparaître aux yeux de tous Sa Bienfaisance, voilà ce qu'Il veut.* »

Il y a, à travers cet exemple, une indication sur le fait que les manifestations de Dieu peuvent être visibles à travers trois catégories d'individus :

- Il a rendu apparente une catégorie afin de manifester Sa Générosité et Sa Bienveillance, ce sont les gens de l'obéissance et de l'excellence.

- Il a rendu apparents les pêcheurs parmi les gens de la foi, afin d'y manifester Sa Clémence et Sa Grâce.

- Il a rendu apparents les mécréants et les transgresseurs afin d'y manifester Sa Sévérité et Sa Colère.

Voilà le secret des manifestations du Très-Haut. Et Dieu sait mieux.

Tome II

À paraitre